現役東大生たちが実践している

合格のための勉強法

東大勉強研究会［著］

ブックマン社

はじめに

世の中には受験情報があふれています。その量の多さに、受験生は悩んでしまうことでしょう。あの人はああ言っているけど、この人はこう言っている。いったい、どうすればいいんだろう?

実は、私たちもそうでした。勉強をしようと思い始めた高校3年生のころ、手始めに勉強指南書を読み漁ったあげく、大いに迷いました。もちろん、参考になったものもありますが、なかには、明らかに「その人だからできたんだろう」というものや「理屈はわかるけど、現実的じゃない」というものなど、ひどく偏ったものもあったからです。

他の人たちは、実際どんな勉強をしていたんだろう。

本書は、そんな素朴な疑問から誕生しました。

本書を執筆するにあたり、受験のプロとは言わないまでも、セミプロである東大生100

人に、実際にどんなやり方で合格を勝ち取ったのか、アンケートをとりました。

その結果をこれからみなさんに紹介していくわけですが、その前に2つだけ、アンケートから浮かび上がってきた勉強の基本原則を述べておきましょう。

常識を疑うべし!

実際にアンケート調査をしてみると、世間では効果的だと言われていても、ほとんどの東大生は実施していない勉強法がいくつも出てきました。逆に、「そんなことしていたら成果は上がらない」と言われそうな勉強法をやってきたことで、成績を上げた人もいます。

勉強法も常に進化を続けています。昨日まで当たり前だったことが、明日からも有効だとは限りません。技術や情報が、あっという間に色あせてしまう時代なのです。

なんとなく大人の言うことを聞き入れたり、周りの雰囲気に流されたりしながら勉強していたのでは、同じだけの労力をかけていたとしても、最先端のやり方をマスターした人に大きく水を開けられてしまうことになります。理不尽に思えるかもしれませんが、これが現実です。

こんな時代において、「なんとなく」の勉強法では通用しません。なぜ、自分がそれをやっているのか、なぜそのやり方が効果的なのかを、自分で理解し、納得しながら勉強していく必要があります。

本書では、アンケートに寄せられた東大生たちの生の声を皆さんに紹介していきます。東大生がやっていたから効果的だろう、と安易に受けとめず、「なぜ」を大切にしながら読み進めていただければと思います。

また、当たり前のことなのですが、受験勉強には「大学合格」という明確なゴールがあります。そうなると、ゴールまでにかけられる時間も必然的に限られてくるでしょう。これが受験の難しさであり、面白さでもあります。このような制限があるからこそ、きちんと戦略を立て、自分なりのやり方を確立すれば、成績を大きく上げることができるのです。

限られた時間を有効に使うためには、勉強の結果として得られる「効果」だけでなく、その「コスト」（時間・労力など）にまで考えをめぐらす必要があります。しかし、ややこしいことに、同じ勉強をしていてもその「効果」と「コスト」は人によって違うのです。たとえば、毎日日記をつけることができるという人にとって、勉強の記録をつけてそれをフィードバックすることは容易でしょうが、いつも三日坊主で終わってしまう人にとっては大変なことです。となると、相対的に「コスト」の占める割合が高くなってしまいます。

本書では、参考までに各勉強法に「効果」と「手間」を明記しました。執筆メンバーで何度も話し合い、慎重に決定はしましたが、それでも絶対であるとは言いきれません。

本書を読み終わったら、まずはすべての勉強法を一度試してみることをオススメします。そして、自分にとって効果的だと思った勉強法だけを選んで、継続していってください。

決して、すべての勉強法をやらなければ合格できない、などと思わないこと。

本書はあくまで、「参考」書です。本書をもとに、自分なりの勉強法をカスタマイズしていけばいいのです。

受験勉強を通して身につけたあなたなりの勉強法は、あなたにとって一生の財産となるはずです。みなさんにとって、受験勉強期が充実したものになることをお祈りします。

東大勉強研究会

現役東大生たちが実践している合格のための勉強法

CONTENTS

第2章 大学合格のための「計画力」

第3章 大学合格のための「集中力」

第4章 大学合格のための「記憶力」

第5章　大学合格のための「生活力」

第1章

大学合格のための「意欲力」

意欲力 1

「大学」へ行こう！

大学訪問で「空気」を感じろ

効果 ★★★★★

手軽さ ★★★★★

世の中に受験情報は多々あるが、それでも**「百聞は一見にしかず」**。いくら志望校について情報を集めてみても、実際に自分の肌で感じて初めてわかる「大学の空気」というものがあるのもまた事実である。本項では、実際に大学を訪れることの是非について考えてみたい。

■キャンパスライフを疑似体験

東大生は、実際に志望校を訪問していたのだろうか？

アンケートによると、実に73％もの東大生が「(受験前に) 志望校へ行ったことがある」と答えている。そのうち、文化祭・オープンキャンパスなど、なにかしらの「イベント」を利用したという学生は47％。キャンパスが熱気であふれ、大学らしい自由が体験できる「イベント」は受験生のモチベーションを上げるのにもってこいなのだ。

（受験の下見以外で）志望校（東京大学）を訪れたことがありましたか？

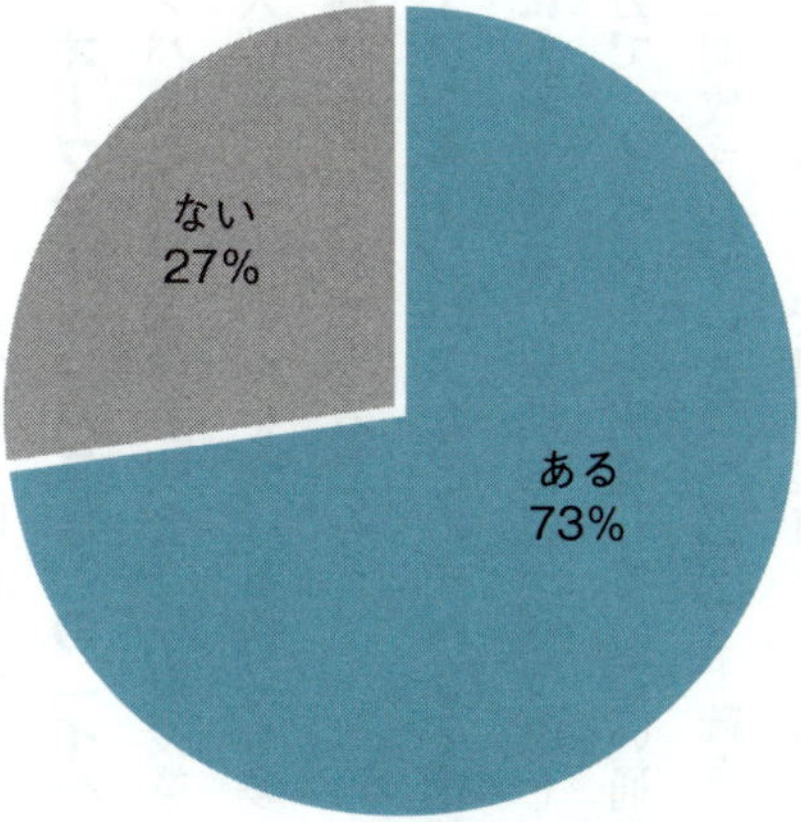

回答総数　東大生100人
株式会社U-Tee調べ

一方で、「イベント」の作られた雰囲気ではなく、「ナマの学生生活を覗いてみたい！」という思いから、通常授業時に大学を訪問したという学生も37％いた。

■ここへ行け、ここを見ろ

大学を訪問した際にはぜひとも行ってもらいたいポイントがある。それは大学のパンフレットやウェブサイトの表紙を飾っている場所だ。表紙に載っているだけあって、その大学で一番きれいだったり、歴史を感じられる建物だったりする。

そんな場所を訪れてみれば、自分のモチベーションがいやがおうでも高まるのを感じられるはず。また、「学生会館」や「サークル棟」などと呼ばれる建物を覗いてみるのもいいかもしれない。その大学の雰囲気が最もよく表れるのが、この「サークル棟」だといっても過言ではないからだ。

■オープンキャンパスに行こう！

アンケートでは通常授業時に訪問することを推す声も強かったが、本書では**「訪問初心者」には、オープンキャンパスなどの「イベント」を利用することをオススメ**したい。オープンキャンパスでは、大学説明会や模擬授業、キャンパスツアーなどの日程が組まれており、実際に大学生のナマの声を聞ける機会も多い。高校の勉強とはまったく違う、学問の世界の一端に触れることができるだろう。

オープンキャンパスなどのイベント情報は、各大学のウェブサイトをチェックすることで簡単に入手できる。定期的にチェックし、見逃さないようにしてほしい。

一方で、イベントを実施していない通常授業時であっても、ほとんどの大学キャンパスは一般に開放されている。（一部で手続きが必要なところもあるが）基本的に出入りは自由。東大のシンボル・安田講堂前は、いつも観光客と家族連れでにぎわっている。時間的・金銭的余裕があるならば、気分転換もかねてキャンパスめぐりとしゃれこむのも一興だろう。

ただ、その際は事前に大学スケジュールのチェックを忘れないこと！　長いこと電車に揺られて志望校へ向かったら、休講日で閑散としたキャンパスが広がっているだけだった、という状況はなんとしても避けたい。

■冊子で学生生活を知る

そうはいうものの、やはり「志望校を見学したくても、地理的に遠すぎて行けない」という学生も多いだろう。**そんなときにオススメなのが、大学パンフレット**だ。大学で学ぶことのできるさまざまな学問の紹介を読んだり、ただただキャンパスの写真を眺めてみたり。自分が楽しいキャンパスライフを送っている姿を妄想してみよう。つらく長い受験勉強のその先が想像できているのといないのでは、勉強へのモチベーションが大きく変わってくる。

また、大学によっては大学発行の公式パンフレットだけでなく、学生が主体となって執筆編集した大学新聞や大学紹介冊子があるところもある。学生ならではの視点から大学を表裏あわせて紹介しているので、一読してみる価値はあるだろう。たとえば東大なら、『東大200Xシリーズ』（東京大学新聞社）などが代表的だ。

最近では、**全国各地で出張説明会を行う大学も増えてきている**。ナマの情報とまではいかなくとも、大学情報を関係者から仕入れる貴重なチャンス。地方在住だから、と嘆く前に、そのハンデをどう克服すればいいかを考えてみよう。東大生の多くも地方出身者なのだ。

意欲力を高めるためのその①

ナマの大学生活を体験せよ

私の合格体験記

『自分がキャンパスを歩いている姿を思い描こう』

Aさん（文学部3年・静岡出身）

さて、ここまではアンケートの結果をもとにオープンキャンパスについて説明してきた。ここでは、実際にオープンキャンパスに参加したという静岡出身のAさんにその様子を語ってもらおう。

「自分がオープンキャンパスに参加したのは高校3年の夏。地方では志望校のナマの情報を得ることが困難で、大学に対しても漠然としたイメージしか持っていませんでした。そこで、一度自分の目で見ておきたいな、と思って」

オープンキャンパスに関する情報などは大学のウェブサイトを細かにチェックすることで入手したという。実際にモチベーションは上がったのだろうか。

「大学生とも話ができますし、モチベーションは上がりますよ。やっぱり、高校生から見て大学生は大人で、憧れの存在でしたから。あえて、オープンキャンパスのようなイベント以外の日に大学を訪問し、普段の雰囲気を見ることは有意義なことかもしれません。でも、実際に学生と話す機会は限られてしまうので、あまりオススメはできませんね。また、ゼミ形式の授業を体験できたのも良かったです。学生が積極的に議論を進めていく様子にとても刺激を受けました」

それでは、大学訪問をする際にはどういうところに注目すればいいのだろうか。

「まずは大学の開放的で華やかな雰囲気を感じてもらいたいです。大学はとにかく自由です。そして、自由だからこそ、そこにいる人たちの様子に注目する必要があると思います。本当にいろんな人がいますから。実際に自分がその場にいる姿を想像してみることが大事でしょうね。あと、入試に備え、トイレの位置も確認しておくといいかもしれません（笑）」

意欲力

②志望校の先輩と話せ

話せばわかる、大学のホント

効果 ★★★★★

手軽さ ★★★★★

前項では、ナマの大学情報の手に入れ方を「大学に行ってみる」ことにスポットを当てて解説した。この項では、もう一つのナマ情報入手先である「志望校の先輩」の活用の仕方を紹介してみたい。

■勉強計画に役立てろ

志望校の先輩の話を聞く意義は主に三つある。

一つは**大学選びの参考にすること**。ヘタをすると自分の一生に関わってくる、大学選び。パンフレットや雑誌などの一方的な情報だけで判断するのには不安もつきまとう。そんなとき、**先輩の話すナマの情報は、大学選びに大いに参考になってくれるはずだ**。

二つ目は、目標を具体化すること。ある程度、志望が固まっている人の場合、先輩から具

志望校の現役の学生と接する機会はありましたか？

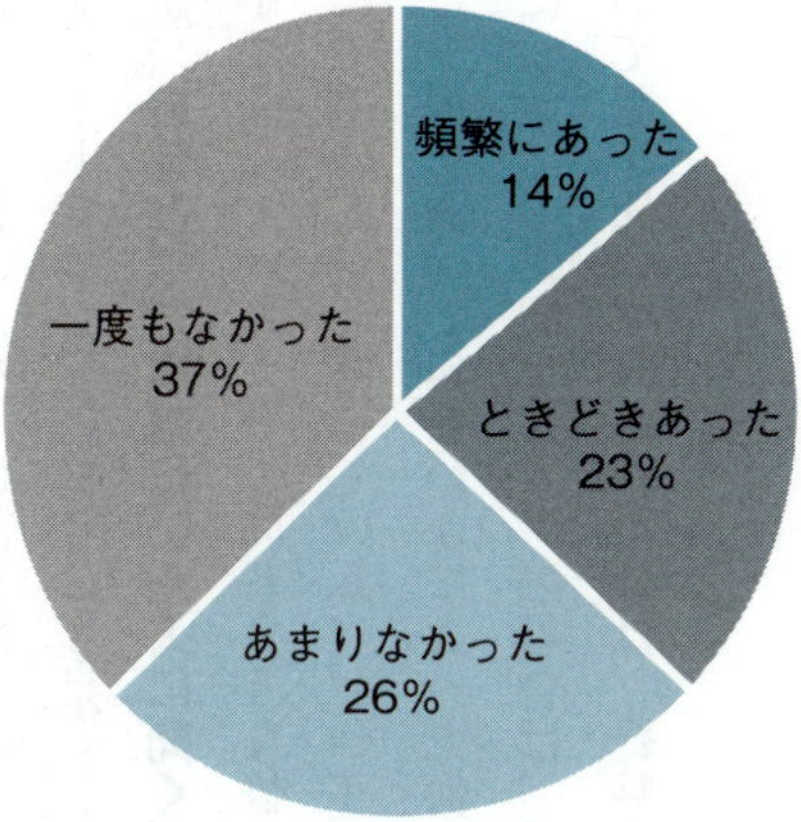
頻繁にあった
14%
ときどきあった
23%
あまりなかった
26%
一度もなかった
37%

回答総数　東大生100人
株式会社U-Tee調べ

体的なキャンパスの様子を聞いて、その場に自分がいることを想像すれば、自然とモチベーションが湧いてくることだろう。

そして三つ目が、受験に関するノウハウを入手すること。受験生にとって不安なのは、「今の勉強法は正しいのか、ちゃんと合格できるのか」ということだろう。実際に入試に合格した人の勉強の仕方や進め方はぜひとも尋ねておきたいところだ。

また、少し気の早い話になるが、先輩を訪問することは就職活動を行う上でも有効になる。いわゆる「ＯＢ訪問・ＯＧ訪問」というやつだ。このときは、過去に同じ大学を卒業し企業で働いている先輩を訪問し、なぜその会社を受けようと思ったのか、実際に働いてみてどうなのか、などを尋ねてみることになる。

受験勉強に疲れたとき、ふっと一息つき、

将来のことに思いを馳せてみるのもいいかもしれない。

■境遇の似た先輩に

では、実際にどんな人に話を聞けばいいのだろうか。

アンケートでは、「それなりに苦労した人」「現役合格者」など、さまざまな答えが返ってきたが、**自分と似た境遇にいた人に聞く**のが一番いいようだ。たとえば、なかなか学力が上がらずに悩んでいる人は、同じような悩みを抱えていた先輩に相談してみよう。自分と同じような境遇の人が合格している、という事実を知るだけでもずいぶん励みになるはずだ。

また、何を聞いてみたいかによって何年生の先輩と話をすればいいのかも変わってくる。勉強についての質問がメインの場合は、受験の記憶が鮮明な大学1～2年生、大学生活全般について話を聞いてみたい場合は、経験豊富な3年生以上がベターだろう。

■「果報」は自ら作り出せ

とはいえ、「自分の身の周りに志望校の先輩なんていない！」という人も多いはず。そのようなときは、**自分から積極的にアクションを起こし、先輩たちと関わってみるのも手だ。** 実際に大学へ出向き、キャンパスでくつろいでいる大学生をつかまえてみるのもいいだろう。

オープンキャンパスなどのイベントも、熱意あふれる先輩たちの意見を聞く貴重なチャンスだ。

また、周りに同じ大学を志望する受験生が多くいるのならば、いっそのこと皆で協力して志望校の学生を呼び寄せ、講演してもらうのも一案かもしれない。

■ 合格体験記を活用せよ

どうしても先輩と話せるアテがない、もっと多くの先輩の話を聞きたい、そんな受験生には合格体験記を読むことをオススメする。合格体験記は通信教育や予備校などの資料として入手することもできるし、インターネット上にアップされているものもあり、多種多様。はっきり言って、何の役に立たないものも少なくないので、「**先輩がどのように壁にぶちあたり、克服していったか**」が具体的に書いてあるものを選んでいくことが肝要だ。

多くの情報に触れるなかで、必要な情報を取捨選択する能力を養っていってもらいたい。

意欲力を高めるためのその②

多くの体験談から合格までの軌跡を描け!

『先輩後輩のきずなを大切に』

中塚雄一朗さん（教養学部2年・兵庫出身）

身近に、複数の東大生や東大出身者がいたという中塚さん。そんな先輩方と話すことは受験勉強のモチベーションアップへとつながったのだろうか。

「つながると思いますよ。自分が最も影響を受けたのは、高校の進学説明会に来てくれた先輩です。もともとすごい人だということは知っていたんですが、話を聞いてみると、改めてかっこいいなー、と思って。先輩のような高みを目指す人間がきっと東大にはごろごろいるんだろうな、自分もその世界に飛び込んで上を目指していきたい、と思いました」

しかし、その逆のパターンもあったという。

「知り合いに東大卒の人がいたんですけど、もともと京大志望だったこともあってか、『東大、あんまり面白くないよ』って言われ続けてました（笑）。あまり気にしないようにはしていたのですが」

なるほど、先輩と話すことで逆にモチベーションが低下してしまうこともあるようだ。まさに諸刃の剣。それでは、いったいどんな先輩と話すのが適当なのだろう。

「やっぱり、自分の境遇に近かった人から話を聞くのが一番だと思いますよ。でも、とりあえずは身近にいる人からどんどん話を聞いていくべきです。大事なのは、聞いたことを鵜呑みにせず自分で評価判断する姿勢なのではないでしょうか」

先輩と話すことの効果を、身をもって知る中塚さん。現在は、自らが母校を訪れ、大学について後輩と語るイベントを計画中だという。

意欲力

③ ウェブを使って情報収集

ウェブに広がる「宝の山」の歩き方

効果 ★★★★★

手軽さ ★★★★★

今や情報メディアとして生活に欠かせない存在となったインターネット。さまざまな情報を手に入れることのできるウェブの世界は、まさに「宝の山」といっても過言ではない。ただし、実際によく利用していた東大生は、わずかに3割を超える程度ではあるが……。

■自身の勉強計画に役立てろ

まずは、ウェブを使って集められる情報を整理してみたい。

【大学情報】

大学の公式サイトのみならず、学外での評判や学内の様子など、さまざまな大学関連情報を集めることができる。オープンキャンパスなどの各種イベント情報・サークルの活動状況もチェックしておきたい。

入試や志望大学に関する情報を扱ったインターネット上のウェブページにアクセスしましたか？

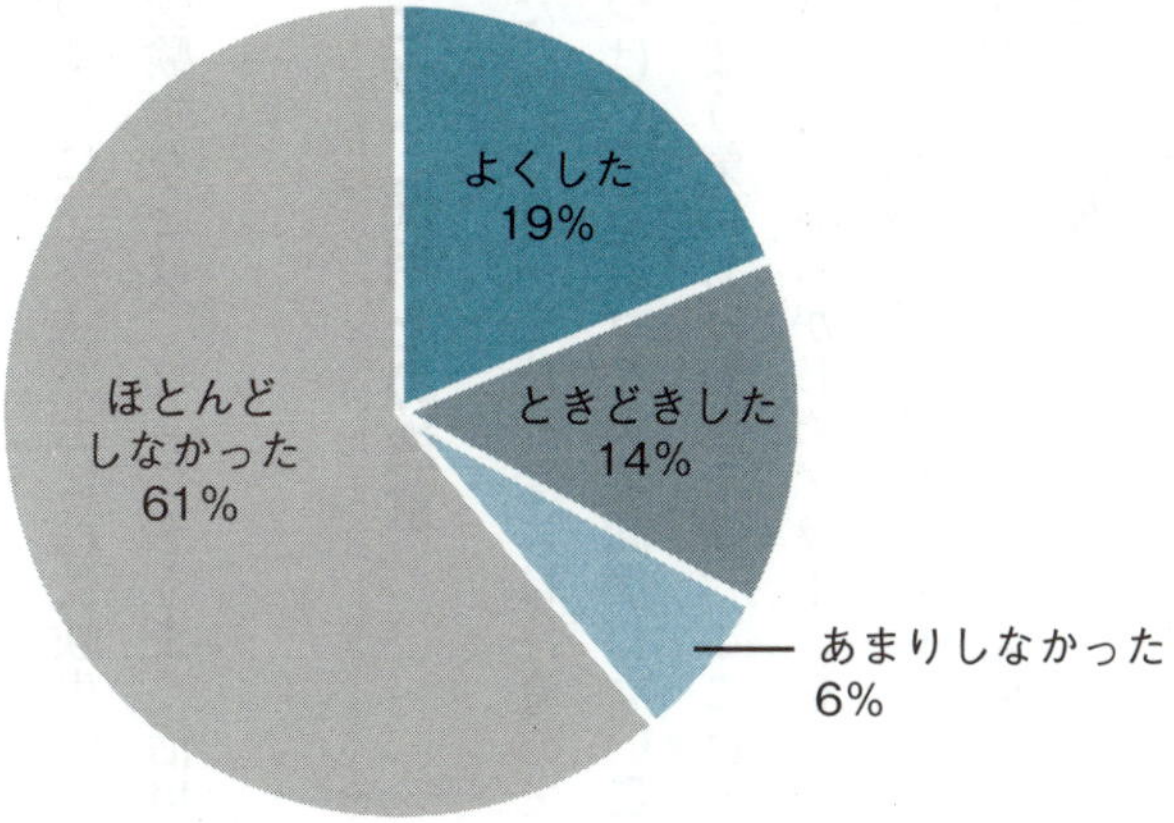
よくした
19%
ときどきした
14%
あまりしなかった
6%
ほとんど
しなかった
61%

回答総数　東大生100人
株式会社U-Tee調べ

【参考書情報】

どの参考書を使うかは受験の成果に直接関わる重大な問題なだけに、ネット上には参考書情報も豊富。特にamazon.comなどの書評は一読しておく価値がある。ベストなのは、「ウェブ上で見込みをつける→大型書店で実物を比較検討→購入」という流れだ。

【勉強ノウハウ】

ウェブ上には、『合格体験記』など、自分の勉強ノウハウを一般に公開しているサイトもある。書籍に比べると信用度は落ちるが、手軽にノウハウを手に入れられるいいチャンスだ。ただ、なかには高額な情報料を前払いさせておいて、使えない情報を提供するだけの詐欺まがいの業者も存在するので、要注意。

【励まし】

ウェブ上では、受験生のためのコミュニティのようなものも存在する。ときには心が折れそうになってしまうのが大学受験。全国津々浦々の受験生と情報を交換し、お互いを励ましあってみるのもいいかもしれない。

このように、ウェブ上には受験生のためになる情報が多数存在する。受験情報に乏しい地方の受験生などは、ウェブをうまく活用することでハンデを克服していってもらいたい。

■ウェブ、使用上の注意

ただし、ウェブを使う際には注意しておくべきことが2つある。

一つは、**ダラダラと長時間使わないこと**。次から次へとリンクをクリックしていきたくなってしまう気持ちはわかるが、ここは心を鬼にしてほしい。どうしても誘惑に負けてしまうという人は、あらかじめアラームをセットしておくなどの工夫をしておこう。

二つ目は**情報を鵜呑みにしないこと**。ウェブ上には、主観的な情報や感情的な意見、さらには悪意のある書き込みなど、素直に受け取っていては大変なことになってしまうような情報もたくさんある。ウェブから入手した情報は、他の媒体やオフィシャルなサイトで確認するなど、「裏取り」をしっかり行おう。また、それが今の自分に必要な情報なのかどうかをしっかり見極めていくことが重要だ。

オススメウェブサイト集

○『がんばれ国公立大学受験生！！』（http://daigakujc.jp/）

大学情報センターが主催する携帯向けサイト。「合格体験記」をはじめ、「相談室」や「エール」など多彩なコーナーが魅力。私大志望者にもオススメ。

○『受験生ネット』（http://www.jukensei.net/）

大学受験関係の総合サイト。「大学受験会議室」などは情報交換の場にもってこいだ。リンクが豊富なのも魅力の一つ。

○大学生のブログ

意外に役に立つのが、大学生が書いている受験ブログだ。受験勉強に関する疑問や、オススメ参考書を丁寧に紹介しているものも少なくないし、キャンパスライフの様子を垣間見ることもできるので、志望校・志望学部選びの助けになるだろう。

意欲力を高めるためのその③

ウェブの情報は鵜呑みにせず、あくまで参考に

私の合格体験記

『ウェブを使って情報格差を乗り切ろう』

野原結さん（文学部4年・愛媛出身）

地元の高校からは実に数十年ぶりの東大合格をはたしたという野原さん。当然、周りに志望校についての情報もなければ、相談できる人もいなかったという。

「もしインターネットがない時代に生まれていたら、私は東大を受けていなかったかもしれません。志望校を決めるときには、本当に情報がなくて不安でしたから。参考書にしても、近くの本屋にそろっているものは種類が限られるので、オンラインショッピングで購入していました」

具体的に、どういうサイトが参考になったのだろうか。

「私の場合は、ある程度信頼できる情報が欲しいと思ったのでZ会やベネッセのコミュニティぐらいしか覗いてませんでした。あと、大学の公式サイトはわりと頻繁に見ていましたね。

何度も繰り返し見ているうちに、だんだん東大に対する恐れとかが薄れてきて、逆に『自分の学校だ』という親近感が湧いてきたんです。この心理現象のことを『熟知性の法則』と呼ぶと知ったのは大学入学後なんですが」

それでは、都市部と地方間にある情報格差についてはどうお思いだろうか。

「やっぱり、不公平感は相当あります。都市部の受験生の間では常識になっているようなことでも、地方に伝わってないことって、いっぱいありますから。私の場合でいえば、塾も予備校も通える距離になかったですし。でも、いざ受験するときは、そんなこと関係ありません。みんな平等です。格差を嘆いてこころをすり減らすよりは、その分のエネルギーを勉強に向けてみた方がよっぽど生産的だと思います。ウェブを覗いてみるだけでも世界がかなり広がりますしね」

いくら嘆いても、環境を変えることは難しい。それならば、自分を変えることに全力を注ぐべき。そんな野原さんのポジティブな考え方がびしびし伝わってきた。

意欲力 4

自分にご褒美をあげよう

目の前には「ニンジン」を

効果 ★★★★★

手軽さ ★★★★★

なぜだかわからないけど、勉強が手につかない、机に向かえない。長い受験時代、そういった時期を誰しもが経験する。そんなときは、目の前にニンジンをぶらさげてみてはいかがだろう、というのが本項の主旨だ。

■原始的な欲求こそが強み

ある行動をとった直後に褒美を与えたり、あるいは罰を与えたりすることで、行動に影響を与えること、これを心理学用語では「オペラント条件づけ」という。なにやら難しげに聞こえるが、要は犬のしつけをイメージしてもらえればいい。美味しい餌がもらえると気づいた犬は頑張ってお座りを覚えるし、叱られたくない一心でトイレの場所も覚える。

この「オペラント条件づけ」は人間にも当てはまる。**その先に素敵なご褒美が待っている**

勉強などに関して、頑張った自分に対する「ご褒美」のようなものは用意していましたか？

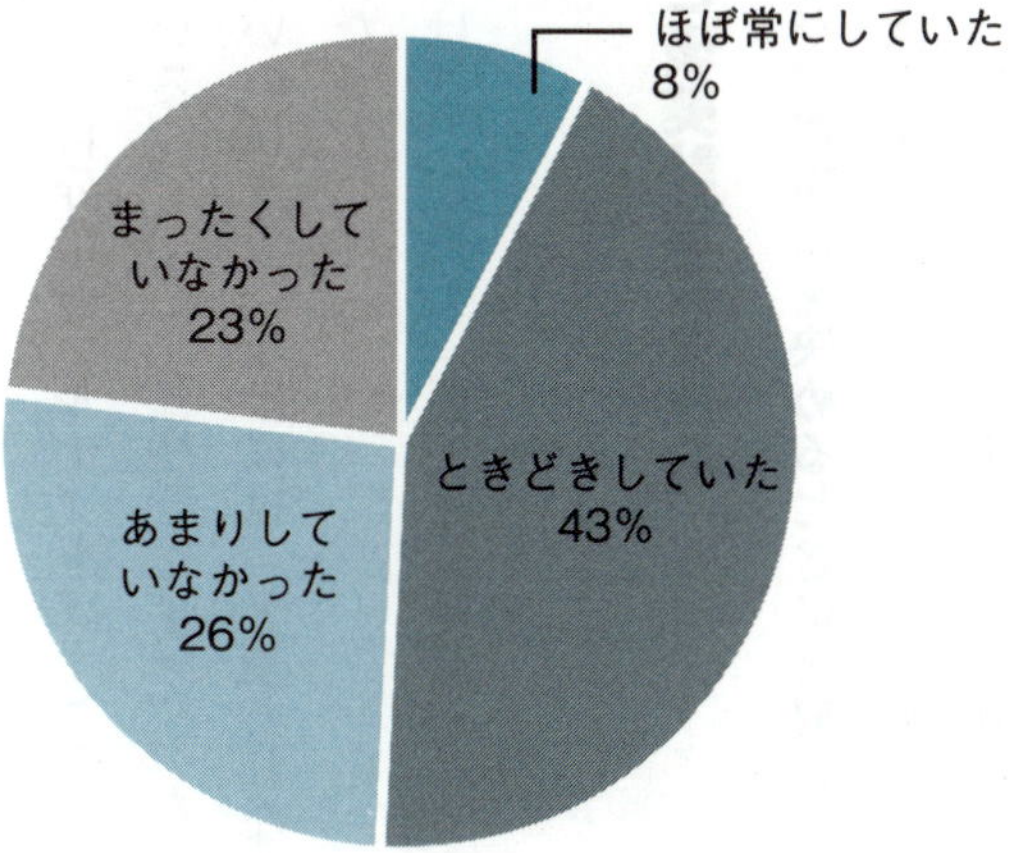
ほぼ常にしていた
8%
ときどきしていた
43%
あまりして
いなかった
26%
まったくして
いなかった
23%

回答総数　東大生100人
株式会社U-Tee調べ

と思うと、多少の困難は乗り越えられる気がしてこないだろうか。このような原始的な欲求こそが、勉強意欲にも強い影響を与えるのだ。

みんなのご褒美

実際に、東大生アンケートでも51％が頑張った自分への『ご褒美』のようなものを「よく用意していた」「ときどき用意していた」と答えている。その内容を詳しく見ていこう。

まず、最も多かったのが「おいしいものを食べた」という意見。食事ならばそんなに時間をとられることもないし、その後にがんばるための活力になる、とのことだ。「買い物をしてストレスを発散した」という人も多い。どうやら、一度に高価なものを買うのではなく、手に入れやすいご褒美を適度にあげていくことが、長い受験生活を乗り切るためのコツらしい。「恋人とデート」という回答もちらほら見受けられる。受験期といえど、無理に恋愛を諦める必要はないということだろう。そのことで、頭がいっぱいになってしまうのは困りものではあるが……。いずれにせよ、ご褒美に掲げるものは実感の湧きやすいもののほうがいいようだ。

一方、自分にペナルティを課すことで、無理やりモチベーションを上げたという、つわものもいる。「ノルマが達成できなかったら、マンガを一冊ずつ捨てる」なんていうのはまだかわいいほうで、なかには「8割とれなかったら、坊主にする」と背水の陣で模試にのぞんでいた者も。

やはり、ご褒美（罰）も人それぞれ。自分の興味関心に応じて設定していってほしい。

ご褒美計画表を作れ

ただ、**ご褒美を決めるときに警戒しなければいけないものがある。それは「慣れ」だ。**人間とは欲深いもので、求めていた刺激を手に入れてしまうと、次第にそれでは満足できなくなり、さらにその上の刺激を求め始める（このメカニズムこそが『向上心』の源でもあるのだが）。したがって、常にモチベーションを高く保つためには、最初はささやかなご褒美からはじめ、次第にそれをグレードアップさせていくことが望ましいといえるだろう。その場限りでご褒美を決めていくことなく、**1年先を見据えた「ご褒美計画表」を作り、モチベーション管理に役立ててみてはいかがだろうか。**

■ご褒美の意外な副次効果

ご褒美のなかには、「この問題集を一冊したら○○しよう！」のようなプロセスへのご褒美もあれば、「次のテストで○○点以上だったらあれを買おう！」のような結果へのご褒美もある。この結果へのご褒美は、モチベーションを高めるだけでなく、自分にプレッシャーをかけるのにも役立つ。**日ごろからプレッシャーにさらされ続けていれば、そのようなときに自分がどんな心構えで臨めばいいのかが自然とわかってくる。**受験当日も、焦ることなく、落ち着いて実力を発揮することができるだろう。

モチベーションも上がる、プレッシャーにも強くなる、自分も嬉しい。まさに一石三鳥の学習法なのだ。

意欲力を高めるためのその④

素敵なご褒美であとひとふんばり！

私の合格体験記

『文房具からやる気をもらう』

山本啓子さん（教養学部1年・山口出身）

「趣味は文房具集めなんです」と語るのは、まだ大学に入学したばかりの山本さん。当然のように、自分へのご褒美も文房具だったという。

「少し変わったボールペンとか、きれいな挿絵の入った便箋とか、文房具屋さんに行くたびに、次から次に欲しいものが出てくるんです。それで、模試の前に『○○点とったらこれを買うぞ』と決めておいて、達成したら自分で自分のために買っていました。ごくたまに、達成できていないのに購買欲に負けてしまうこともありましたが（笑）」

文房具は、それなりに安い値段で多くの種類があるため、欲しいものに困ることもなければ浪費しすぎるということもなかったという。

「勉強して手に入れた、お気に入りの文房具を使って勉強していると、なんだかやる気も湧いてくるんです。だから勉強もはかどりますし、その分成績も上がって、コレクションも増える。当時はとくに意識していませんでしたが、今思うととてもいい流れができていたんだと思いますね」

そもそも山本さんが東京に出てきたのは、文房具を扱う代理店でインターンをしてみたかったから。受験勉強という苦労を乗り越えた彼女は今、大好きな文房具に囲まれた生活を送れる「ご褒美」を手に入れた。

いかがだろう。先輩たちが実践していた方法から、なんとなく自分なりの勉強法のようなものは見えてきただろうか。さて、このコラムでは少し趣向を変え、最先端の脳科学を研究している石浦章一東大教授からいただいた、受験生へのアドバイスを紹介しよう。受験を「した」側ではなく「行う」側から意見を聞ける機会なんて、めったにない。勉強の合間に何度も読み返し、参考にしてほしい。

石浦教授の出張講義①

『受験勉強の意義』

考えるクセをつけよう

みなさんのなかには、「学校の勉強なんか将来役に立たないのではないだろうか」と考え、なんとなく勉強する気が起きないという人もいるかもしれません。

確かに、受験で一生懸命覚えた知識であっても、勉強を止めるとすぐに忘れてしまいます。しかし、だからといって受験勉強に意味がないわけではありません。受験勉強で頭を使うと、ものごとをじっくり考えるクセというものが自然に身につきます。

大学生を見ていて面白いのは、進学校から来る学生のほうが気楽に生活している傾向があることです。なんだか意外な気がしませんか?

どうやら、小さいころに考えるクセを身につけた人は、勉強も気楽にできるようなのです。逆に、遊んでばっかりきた人は、受験生になって「やるぞ」と覚悟を決めても、ストレスが溜まるばかりでつらくなってしまう。

私の子どもも小学生のころから受験を経験しているんですが、高校3年生になってもガチガチには勉強しなかったんですよ。「大丈夫かな～」と思って見ていたんですが、それでも大学に合格しました。どうやら周りの友達にもそんな感じの子が多かったようですね。

鉄は熱いうちに打て

将来、大学の先生になれるかどうかということは、実は大学院生のときにある程度決まってしまうんです。院生のときによくできていた学生はだいたいずっとできるし、一生懸命やってもできなかった、という人は研究を続けてもなかなかできない。

多くの学生や研究者を見てきた経験から言わせてもらうと、その人がどれくらい柔軟な発想ができるか、集中してものごとに取り組めるか、ということは20代である程度決まってしまうようです。そこで決まったら、後はサーッと差がついてしまう。もちろん、その過程に色んな要素が関わってくることは確かでしょうが。

受験勉強は考えるクセを身につけるための『必要悪』みたいなものなのかもしれません。

第2章

大学合格のための「計画力」

計画力

1 的確な目標を掲げよ

目標を視覚化し、脳を揺り起こせ

効果
★★★★★

手軽さ
★★★★★

「目標を貼り出す」なんていかにも古臭くて効果が薄そう、そう思われた方も多いのではないだろうか。しかし、一見、時代遅れに見えるこの方法を、今でも東大生の22％が実行しているのだ。しかも「効果がある」と答えた学生にいたっては71％に及ぶ。これはいったい、どういうことなのだろう。

■無意識に行動を起こさせる

目標を貼り出すことには、大きく分けて二つの効果がある。

一つは、**目標をはっきりさせること**。「自分の目標はなんだろう?」と頭のなかだけで考えようとしても、曖昧なものになってしまいがちだし、忘れてしまうこともある。目標を貼り出し、自分が今何をすべきなのかをはっきりさせることで、ある意味「割りきって」勉強

自分の目標を紙に書いてどこかに貼りましたか？

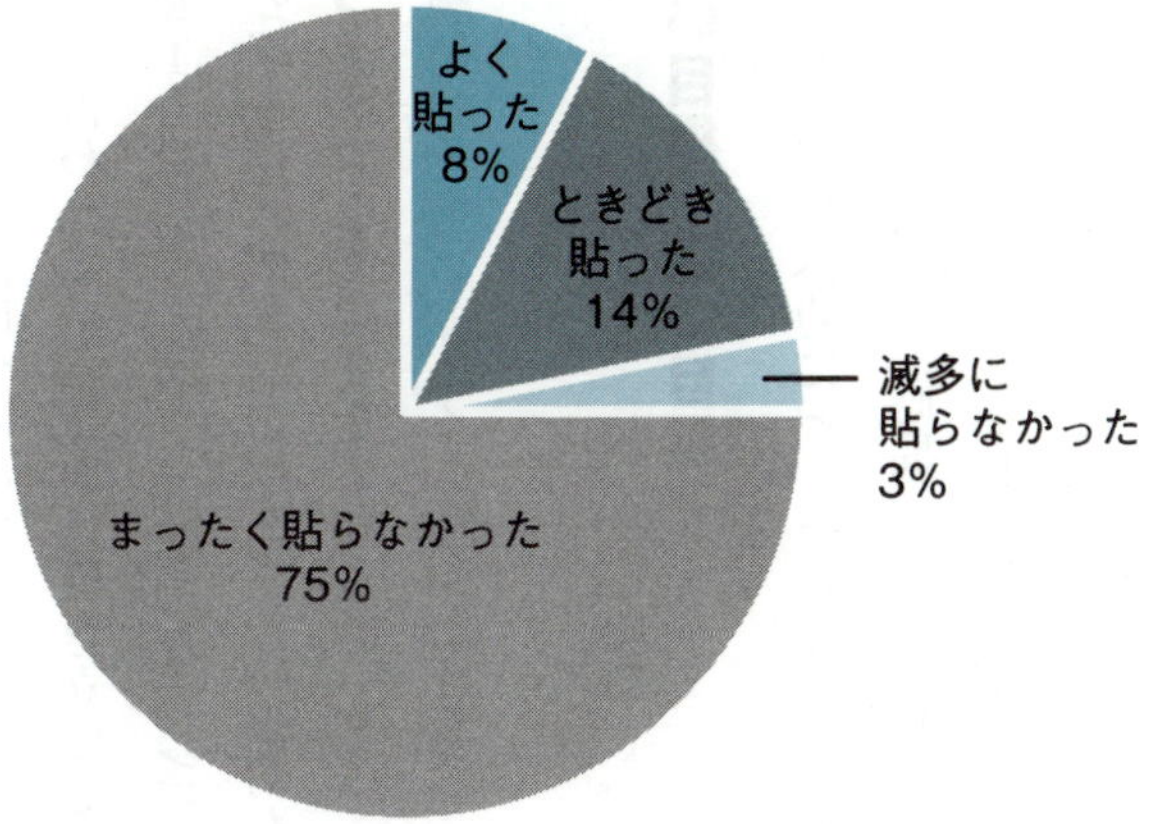
よく
貼った
8%
ときどき
貼った
14%
滅多に
貼らなかった
3%
まったく貼らなかった
75%

回答総数　東大生100人
株式会社U-Tee調べ

に集中することができる。

もう一つは、**自分への暗示だ**。潜在意識には、一度目標を設定すると、その良し悪しに関わらず、その目標を達成しようと働き出す性質があるらしい（『プライミング効果』と呼ばれる）。普段よく目にするところに目標を貼り出せば、その印象が強くなり、潜在意識により強いアピールを送ることができる。

さらに、暗示という観点からすると、できれば親や友達など第三者の目にも触れる場所に目標を掲げるのがベストだ。目標を公表すれば、それを見た周囲の人からも目標達成に向けた応援やアドバイスをもらうことができる。そうすると、周りからも暗示を受ける形となり、さらなる効果を期待することができるのだ。

SMARTにいこう

では、書く目標はどんなものがいいのだろう。

目標といっても、短期目標と長期目標の二種類に分かれる。長期的な目標の立て方については52ページで説明するので、ここでは短期目標の立て方について考えてみよう。

一般に言われている短期目標を立てる方法に「SMARTの原則」というものがある。SMARTとは、Specific（具体的な）、Measurable（計測可能な）、Attainable（達成可能な）、Realistic（現実的な）、Timely（時事的な）の頭文字を集めたもの。要は「**具体的で、身近でかつ現実的な目標を立てなさい**」ということだ。これさえ覚えておけばSMART（賢く）に受験勉強を進めていくことができる。

良い目標、悪い目標

それでは、具体的にどんな目標を立てればいいのかを、実例をあげて考えてみよう。

たとえば、受験まで時間のある高校1・2年生にとって「志望校合格」という目標はNGだ。漠然としているし、差し迫った気分になってこない。「8月の模試で、A判定をねらう！」「実力テストで50番以内に入る」といった、緊迫感をあおるような目標を立てるようにしよう。

また、受験が迫ってきた高校3年生・浪人生であっても「志望校合格！」と大目標を掲げるだけでは、もったいない。「リスニングの正答率を75％以上にする」「解答スピードを10分短縮する」など、具体的な目標も掲げるようにしよう。改善したいポイントを意識して問題演習に臨むのと、そうでないのとでは、同じことをしていても効果が大きく変わってくる。

ただ、目標を立てる際には最低限のルールも存在する。それは「**絶対に無茶な目標を立てない**」こと。「1日で問題集を1冊終わらせる！」のような、実現が難しい目標を掲げても、挫折し、かえって勉強意欲を失ってしまうのが目に見えている。実現可能で、かつ成績を上げるために必要なギリギリのラインをみきわめて、目標を立てるようにしよう。

■ どこに貼る？

さて、せっかく立てた目標だが、どこに貼れば最も効果的なのだろう。その目安は、普段なんとなく目につくところ。机の前でもいいし、トイレのドアでもいい。隠れたオススメは、教科書やノートの裏表紙。受験勉強や普段の授業に飽きたときに、そのページを眺めれば「あと少し、頑張ってみようか」という気分になってくる。

計画力を高めるためのその①

身近で具体的な目標を、目につくところに貼る

私の合格体験記

『周囲に、自分に目標を示せ』

曽部貴弘さん（経済学部3年・神奈川出身）

曽部さんが、目標を紙に書き出したのは、高校2年生の秋から。夏休み前の試験までは学年でも上位に入っていたが、秋の実力テストで順位が急に下がってしまったためだ。「自分ではまだ受験が先のことと思っていたので、相当焦りました」と曽部さんは言う。

そこで、まず自分の志望校である「東大合格」を紙に書いて貼った。その下には「定期テストで80点以上」。

貼ったことで得られた一番のものは、「それまで『勉強しろ！』と言っていた親が、あまり言わなくなったこと」だったと曽部さんは笑う。

「それまで勉強していたか、していなかったのかがはっきりと親はわからなかったからかもしれません。ノルマを示して、それをこなしていることで、親は安心したんでしょう。結果、自分のペースを崩されずに、息抜きしたいときには息抜きできるようになりました」

また気分が落ち込んで来たときには、「心」「初志貫徹」などを筆ペンで書いて自分を鼓舞し、気合いを入れたという。

大学入学後に、ベンチャー企業でアルバイトをしている曽部さんは、今でも「納期まであと〇日」などを、机の前に貼るように心掛けているという。

「自分が抱えているものを示すことで、周りの人の理解を得られます。また何より自分が逃げられなくなりますから（笑）」

計画力 ②

ToDoリストを作ろう

『今すべきこと』を把握せよ

効果 ★★★★☆

手軽さ ★★★☆☆

今日のうちにこの単元を終わらせなければいけなかったのに、ついつい他のことに気をとられてしまい、うやむやのうちに布団に入って……。誰でも一度はそんな経験があることだろう。そういった事態を防ぐために有効なのがこのＴｏＤｏリスト。受験に限らず、日常生活で役立つ便利なツールなので、ぜひこの機会に使い方をマスターしてほしい。

■今すべきことを書き出せ

そもそも、ＴｏＤｏリストとは何なのか。いろいろなやり方があるかもしれないが、ここでは「ある一定の期日までにしなければいけないことを書き出して、順位づけしたもの」と定義しておきたい。たいていの人は、やるべきことが増えてくると、頭のなかが混乱してしまう。本当はどうでもいいような瑣末《さまつ》な用事に奔走《ほんそう》するあまり、大事なことに手をつけられ

やるべきことを紙に列挙して順番をつけましたか？

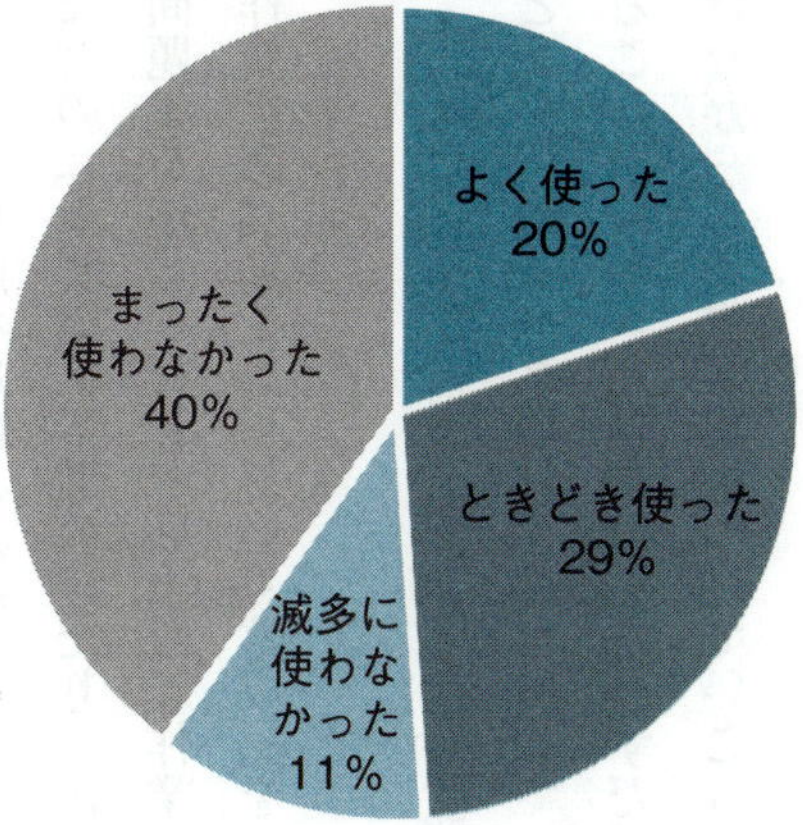
よく使った
20%
ときどき使った
29%
滅多に
使わな
かった
11%
まったく
使わなかった
40%

回答総数　東大生100人
株式会社U-Tee調べ

ない、という悲劇が起こりがちなのだ。ＴｏＤｏリストを作れば、優先順位をはっきりさせられる。また、「他にすべきことはないだろうか」などの雑念にとらわれることも少なくなり、今すべきことに集中できるようになる。

　実際に「ＴｏＤｏリストを使っていた」と答えた東大生はそれほど多くなかったにも関わらず、肯定的なコメントが比較的多く寄せられたゆえんはここにあるのだろう。

あきらめる勇気を持て

　それでは、リスト作成の手順を見てみよう。

【ステップ1】頭のなかでもやもやしている「やるべきこと」をひたすら書き出す。

　このとき、**大きな作業はできるだけ細分化して書き出すことが重要**だ。たとえば、「中間試験に備えて、日本史の江戸時代を勉強しなければならない」という場合を考えてみよう。ただ「江戸時代を勉強する」とＴｏＤｏリストに書き加えたところで、何から手をつけていいのかよくわからないし、直前になってもやり残したことがたくさん、という事態になりかねない。

このような事態を避けるためには、「江戸時代」という漠然とした項目を、政治・経済・文化などの『トピック』で分けたり、決めたページまで教科書を読む・用語集をチェックする・問題集を解く、などといった『作業』によって小分けしていくことが望ましい。それぞれの作業を確実にこなしていく達成感を味わうこともできるだろう。

【ステップ２】今すぐ取り組むべき課題から、優先順位をつけていく

ひとまず、やるべき項目を書き出してみると、そのなかでも重要なものとそうでないものがあることがはっきり見えてくるはずだ。**緊急度・重要度と、どれだけ労力がかかるかを秤《はかり》にかけながら**、優先順位をつけていこう。

【ステップ３】優先順位が下のほうの項目について、本当にやる必要があるのか確認してみる

ＴｏＤｏリストのビギナーが陥りやすい失敗の一つが「リストにたくさんのことを詰め込みすぎてしまい、消化しきれなくなった結果、逆にモチベーションが下がってしまう」とい

うこと。受験勉強において、「やり過ぎ」ということはまずないだろうが、試験本番までの時間は限られている。**ＴｏＤｏリストを作るときには、あえて切り捨てる勇気が必要になるのだ。**

【ステップ４】各項目に、目標期限を定める
最後に、やるべきことの〆切を設定して、ＴｏＤｏリストは完成。**あとは実行するのみ！**

■一ヶ所にまとめて手元におけ

ＴｏＤｏリストの形態は、簡単なメモ形式のものからパソコンを使ったデジタルなものまでさまざま。基本的には、自分が一番使いやすいものを使えばいいだろう。
ただ、リストは必ず一つにまとめ、すぐ参照できるようにしておいてほしい。複数のリストを併用しようとすると、全体を見通すことが難しくなり、ＴｏＤｏリストを使う意義が薄れてしまうためだ。

計画力を高めるためのその②

今やらなくていいことを見つけよ！

私の合格体験記

『達成率は半分いけばいいほうだと思ってました』

米山智也さん（教養学部2年・長崎出身）

まず、ルーズリーフや白紙の紙を用意してみてほしい。準備はいいだろうか。

では、そこに勉強すべき科目名を書き、そのまま科目ごとの「やること」を書き出していこう（このとき、「やること」とは最低ラインではなく、『自分がガリ勉高校生だったらできるだろう』という高いレベルのものを想定すること）。

今度は、その「やること」を苦手科目や進度が遅れている科目を優先しながら重要度別に色分けしていく。そして、できたものを机の前に貼ってみる。

いかがだろうか。これが、米山さんのＴｏＤｏリスト作成の手順である。米山さんはこの作業を1週間ごとに繰り返し、こまめに「やること」を更新していった。

それにしても、「やること」を高いレベルに設定したことによる困難はなかったのだろうか。

「いや、ただ書き出したからって実際にできるわけではないですから（笑）。自分としては、ＴｏＤｏの達成率は半分いけばいいほうだと思っていましたよ。というか、全部完璧にこなせるくらいなら、最初からＴｏＤｏリストを作ろうなんて考えてなかったかもしれないですね」

うまく行かなかったときは、どうやって気持ちを切り替えたのだろう。

「基本的に凹まない正確なんですが、それでもどうしても凹んでしまったときは、リストを載せた紙をビリビリに裂き破いてベランダから投げ捨ててましたね。非常にすっきりしますよ（笑）」

このおおらかさこそがＴｏＤｏリストを続けられる秘訣なのかもしれない。

計画力

3

長期スケジュールを立てよう

合格までの「地図」を持て

効果 ★★★★★

手軽さ ★★★★★

計画力①の『的確な目標を掲げよ』では、短期目標の立て方のコツとしてＳＭＡＲＴの原則を紹介した。この項では短期目標の立て方と対比しながら、長期スケジュールをどのように立てればいいかを考えてみよう。

何のための計画か

受験の際に長期的なスケジュールを立てていたという東大生は77％であり、大多数の人が一度は試していたようだ。しかし、そのような人の中からも「計画が達成できなかったときに必要以上に凹み、不機嫌になってしまった」「綿密な計画はきっちり実行できる人でないとかえって首を絞めるだけ」といったネガティブな声も多く聞かれる。**長期スケジュールは、やる気を保つための「薬」にもなれば、それを奪う「毒」にもなるのである。**

受験勉強について、長期的学習計画を立てましたか？

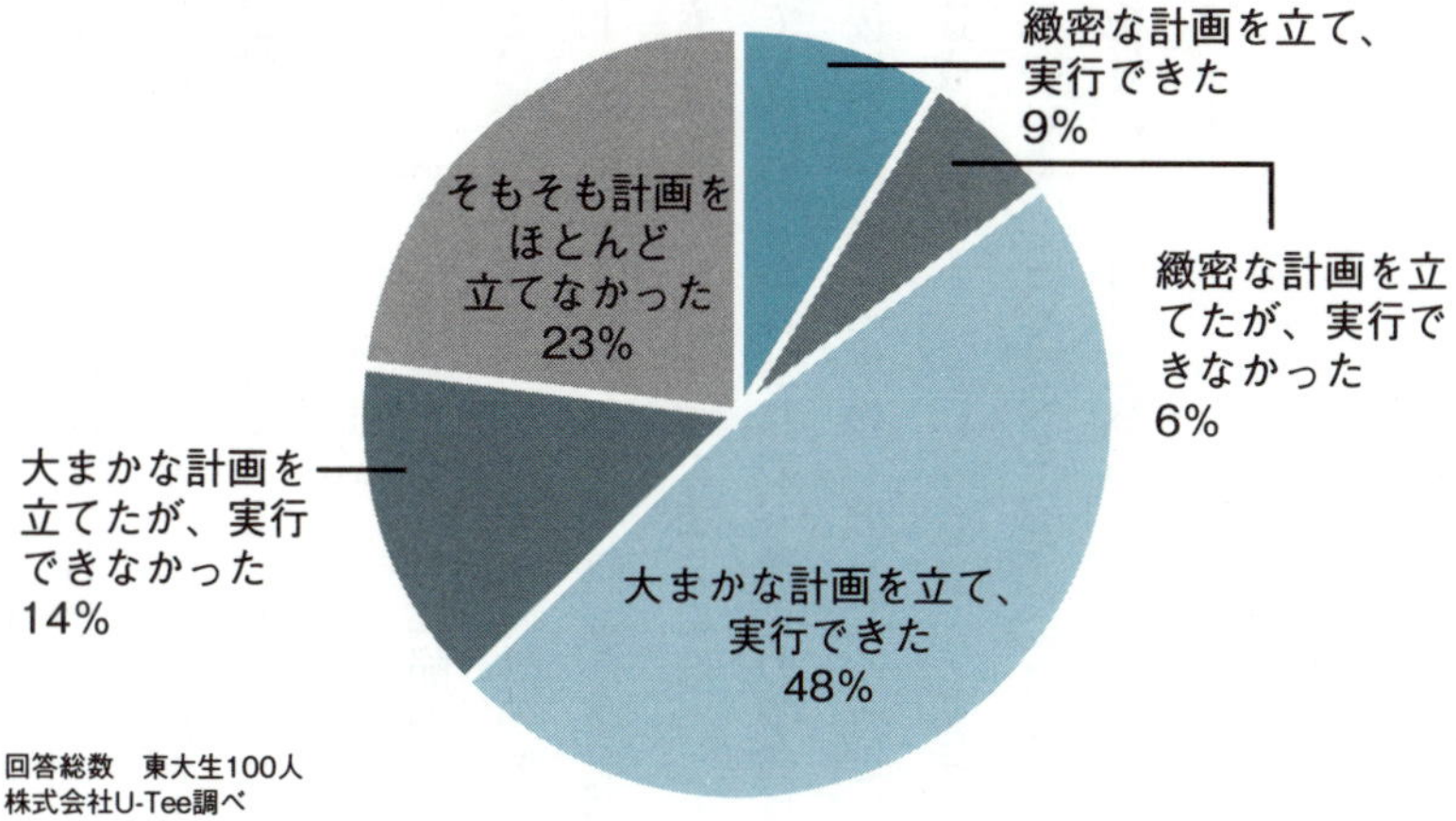
緻密な計画を立て、
実行できた
9%
緻密な計画を立てたが、実行できなかった
6%
大まかな計画を立て、
実行できた
48%
大まかな計画を立てたが、実行できなかった
14%
そもそも計画をほとんど立てなかった
23%

回答総数　東大生100人
株式会社U-Tee調べ

■ 合言葉は「のりしろ」

それでは、どうやればうまく長期スケジュールを立て、かつそれを実行できるのだろうか。その答えは、目標段階・計画段階・達成段階の三つのステップのなかに、あらかじめ「のりしろ」を組み込んでおくことにある。

目標段階に「のりしろ」を組み込むということは、**目標に、ある程度の曖昧《あいまい》さを設ける**ということだ。具体性・現実性が求められる短期目標に対し、長期目標はむしろ「3ヶ月後はこういう風になればいいな」という願望のようなものでもかまわない。それなりに先のことならば、現実から少しだけ離れて夢を見ることができ、「こうなりたい」というイメージを持つことができる。

この成功のイメージが持てるかどうかが、受験前の1年間で、成績を飛躍させる生徒とそうでない生徒の分かれ目でもあるのだ。

次に、計画段階の「のりしろ」とは何かを考えてみよう。これは、そのままずばり、**予備日を設ける**ということである。漠然とした長期『目標』を立てたら今度はそれを長期『スケジュール』へと落とし込んでいくわけだが、そのとき絶対にきつめの予定を立ててはいけない。長いスパンには、スランプに陥ったり体調を崩したり、はたまた単にやる気が出なかったりと、スケジュールを乱す予想外の要因がたくさん転がっている。初めからきつめのスケジュールを組んでいたら、そのような突発的な事態にうまく対応することができず、結局、計画も未達成のぐずぐずなままになってしまう。そうならないためにも、長期スケジュールを立てる際にはあらかじめ、数日の予備日を設けるようにしておこう。

最後に、達成段階での「のりしろ」。これは**心の中に余裕を持つ**ということだ。「絶対に完璧に達成するぞ!」という意識のもとで三日坊主に終わるよりは、「7~8割ぐらい達成できればいいや」というゆるい態度で目標へ一歩ずつ近づいていったほうがいい。もちろん「自分は絶対に三日坊主で終わらない自信がある」という人は完璧を目指す道を歩んでもいいのだろうが……。

■ 教科間のバランスを意識せよ

『希望』と『のりしろ』を持ちながら長期スケジュールを立てていただきたいのは先述の通りだが、実はもう一つだけ念頭に置いておいてもらいたいことがある。それは、**スケジュールを立てる際、合格までの道のりを逆算しながら各教科の勉強バランスを調整してもらいたい**ということだ。どうしても目先のことに追われてしまいがちな短期目標に対し、長期目標のメリットは大局的な視点からスケジュールの決定ができることにある。

「数学はこの時期にあんなことをやって、このくらいのレベルまで持っていこう」『となると、理科はこの時期までにこれをやっておいた方がいいな」といった感じで、自分の得意不得意にあわせて各教科間の勉強バランスを調整してみるといいだろう。

計画力を高めるためのその③

3ステップに「のりしろ」を作れ

長期スケジュールを立てれば、自分が今、夢までの道のりのどのくらいの地点にいるのかを確認できる「地図」を得ることができる。不安に陥ってしまいがちな受験生にとって、この地図を持っているかどうかの差は大きい。

私の合格体験記

『科目のバランスを整えよう』

川上俊弘さん（教養学部2年・福岡出身）

おとなしい雰囲気で、とつとつと話す川上さん。だが、どんな無茶な仕事をふられてもきっちり〆切前にしあげてくる「計画力」のエキスパートとしての顔も持っている。現在、アルバイト先では八面六臂の大活躍を続けているという川上さんだが、その「計画力」は受験勉強においても発揮されていたのだろうか。

「長期目標というほどおおげさではないですが、『次の模試までにコレをやろう』というような漠然とした目標は立てていましたね。スパンにすると1〜3ヶ月くらいでしょうか」

そうは言っても、やはり漠然とした目標だけで、普段の勉強のモチベーションを持続することは難しい。川上さんの場合は、どうやって対応していたのだろう。

「長期的な目標をもとに、『今日はこの問題集を何ページ進めよう』など、その日その日の課題を決めていました。放課後の自習会で一定の勉強時間は確保していたので、進行の目安は立てやすかったですね」

長期目標のメリットは、全科目のバランスを見て予定を立てることができることだと川上さんはいう。

「自分は理系なので、社会はセンター試験直前に一気に勉強するなど、この時期にコレ！といった指標があるとやっぱり違います」

なるほど、この複数の事柄を並列的に考える視点こそが、川上さんの対応力の源のようだ。

最後に一言、受験生へのメッセージをお願いします。

「目標を立てることはとても大事です。漫然と勉強するよりもよほど効果がありますよ」

計画力

4 勉強の記録をつけよ

自分の足跡に自信を見つけろ

効果 ★★★☆☆

手軽さ ★★☆☆☆

受験生には時間がない。「終わったことを振り返るよりも、ひたすら前を向いていこう！」という方針のもと、とにかくガムシャラに突き進んでいるという人も少なくないかもしれない。しかし、過去の失敗からなにも学ばないのではもったいない。本項では、勉強の記録をつけること、そしてフィードバックを行うことの重要性を考えてみよう。

▪記録をつけることの意義

記録をつけることの意義は主に二つ。

一つは、達成感を得ること。「今日はこれだけ頑張った」とノートに書き込むのは非常に気持ちがいい。漠然と事を進めていくよりも、何をやったかを可視化したほうが、達成感を得やすくなるのだ。ある程度記録が蓄積されたら、それを振り返ってみるのもいいだろう。

毎日の勉強の記録をつけましたか？

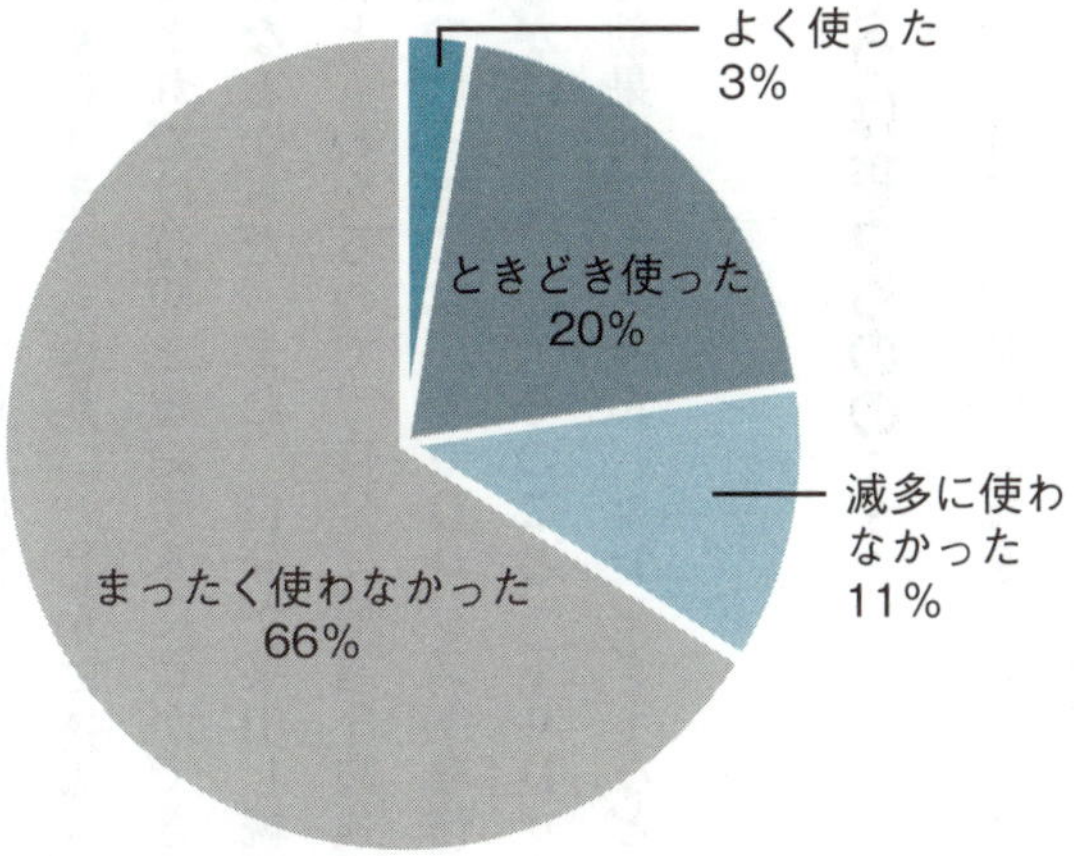
よく使った
3%
ときどき使った
20%
滅多に使わなかった
11%
まったく使わなかった
66%

回答総数　東大生100人
株式会社U-Tee調べ

特に受験直前期には「自分はこれだけやってきたんだから大丈夫だ」という自信につながる。

さて、もう一つの意義は、記録が自己分析の指針になってくれるという点だ。

ビジネスの現場でよく使われるやり方にPDCAサイクルと呼ばれるものがある。Ｐｌａｎ（計画）・Ｄｏ（実行）・Ｃｈｅｃｋ（評価）・Ａｃｔ（改善）の頭文字をとったものだ。この、「**計画を立て、それを実践し、結果を評価して、反省すべき点を見つけて次につなげる**」というサイクルはさまざまな分野に応用できる普遍的なもので、もちろん勉強も例外ではない。

本項のテーマである「記録」はこのＣｈｅｃｋにあたり、質をどれだけ高められるかが次の計画をどれだけ有用なものにできるかに大きく関わってくる。

Checkの質を高めよう

Checkの質を高めるためには、「勉強内容」「予想以上にうまくいった点」「予定通りにいかなかった点」「勉強時間」を具体的に記録することをオススメする。特に、**「勉強時間」は必ず押さえておきたい**。じかに達成感を得られるだけでなく、「同じ問題を解くときに以前とどれだけ時間を短縮することができたか」というように、自分の成長を実感する良い目安になるからだ。また、自分が集中し続けることのできる時間は何分くらいなのか、といったこともわかるので、自分に最適な勉強リズムを会得するうえでも参考になる。また、**記録をつける際には、ToDoリストを作成したときと同様、なるべく一ヶ所で管理することを心がけよう**。いっそのこと、ToDoリストの横に直接記録をつけていくのも一覧性があって効果的。もちろん、カレンダーなどに書き込んでいってもいいだろう。

そうは言うものの……

このように、勉強の記録をつけ、フィードバックをすることには多くのメリットがある。そして、多くのアンケート回答者がそのことを理解はしている。しかし、実際に実践していたという学生はきわめて少ない。これはなぜだろう。

最も多かったのは「めんどうになって、三日坊主で終わってしまった」という主旨のコメントだ。「過去を振り返っても、自分のダメさが目につくだけなので、ストレスになるだけ」という声もあった。

■ 決して無理はしない

良かれと思って行動した結果、かえって悪影響が出てしまった、というのでは元も子もない。そうならないためにも、**めんどうなことは楽しくやろう**。自分なりの達成感を得るだけでは不満だという人は、友達も誘って勉強時間で競いあってみよう。自分は褒められて伸びるタイプだ、という人は先生や親に記録を見せて褒めてもらおう。とにかく、楽しく。それが長続きのコツだ。

それでも、どうしても続けることが苦痛だという人は、きっぱり諦めよう。撤退もまた勇気。勉強の記録は、あくまで合格という目的を達成するための手段に過ぎないのだから。

計画力を高めるためのその④

めんどうな記録は楽しくつけよう

私の合格体験記

『積み上げてきたものを自信に』

Sさん（経済学部3年・愛知出身）

一浪を経験したSさんは、来年の合格を見据え、予備校から配布されたカレンダーに勉強の記録を書き込むようにしたという。

「特に地歴のような暗記科目を勉強した場合、ノートに書き込んだりすることが少ないので『自分はこれだけ勉強したんだ！』っていう実感が持ちにくいですよね。そういうとき、つけていた勉強の記録を見返すことは自信につながりましたね。自分の足跡に自信が持てるかどうかは、最終的に受験の結果に大きく影響してくると思います」

記録をする際に、なにか工夫はしていたのだろうか。

「記録といってもそんなにおおげさなものではなくて、問題集の進度や模試の点数をカレンダーにちょこちょこっとメモする程度でしたね。ただ、科目ごとに使うペンの色を変えるなどして、できるだけ見返しがしやすいようにしていました」

勉強の記録をもとに、勉強が手薄になっていた弱点を補強したことなどもあったという。

「受験期の終わり、もう何を勉強していいのかよくわからないというときに、今まで何をしてきたかを振りかえることは重要です。成績の良かった模試の前には何をしていたのか、などを確認すれば、自分のとってベストのコンディションの上げ方を見つけることもできるかもしれませんよ」

石浦教授の出張講義②
『大学とは何か』

大学と高校の違い

高校までの学校の勉強は、基本的に受け身の「勉強」ですよね。しかし、大学で行う「学問」では自ら選び、自ら学ぼうという姿勢が非常に大事になってきます。

昔から、勉強はいやいややっても効果がない、と言われていますが、確かに何の目的意識もなく、興味のないことにとりかかってもすぐに注意が散漫になってしまう。

君たち自身が、「自分が一番伸びるには、これを勉強すればいいんじゃないか。これを学べば人間の幅が広がるんじゃないだろうか」そういうことを思ってくれると、非常にいいと思います。そのために、我々大学側もカリキュラムに幅をもたせたりといろいろな工夫を行っているのです。

大学は自己形成の場

大学生というのは、時間もあれば、余裕もある。さらに、周りにいろんなタイプの人がいて、これほど恵まれた学びの場もないのではないでしょうか。したがって、この時期をどう過ごすか、ということがその人の将来を左右するほど大事なものになってくる。東大生を見ていても、入試のときの成績は良かったのに、卒業するときにはダメになっているということがザラにありますから。この大事な時期を無為に過ごしてしまうと、やっぱり後で「もったいなかったな」と後悔することになると思いますよ。

これからの大学像

これからは、大学の側でも刺激を求める学生に積極的に応えていかなくてはいけないと考えています。

たとえば、東大では最近「もう少し学生にネジを巻いた方がいいんじゃないか」ということで、少しばかりカリキュラムをきつめにしてみました。もしかしたら、そのことで落伍者も出てくるかもしれない。でも、もっと優秀な人も出てくるんじゃないか、勉強したいという人に応えられるようになるのではないか。そう思っているわけです。

大学は、これからの日本のリーダーになるような人を育てていかなくてはいけません。とにもかくにも、これから2、3年後にカリキュラム変更の結果がどのように現れるのか、非常に楽しみにしています。

第3章

大学合格のための「集中力」

集中力 1

どこで勉強するべきか？

「opened space」と「closed space」を使い分けろ

効果 ★★★★★

手軽さ ★★★★★

あなたにとって、勉強はどこでやるものだろうか？　自室？　教室？　それともリビング？　ここでは、勉強場所を教室やリビングなど他の誰かとスペースを共有する「opened space」と、自室のような「closed space」に分け、その利用法を考えていきたい。

■あなたはどちら派？

まずは「opened space」から見てみよう。そこには友人や先生・家族など、いわば自分を監視する外からの視点があるため、軽々しくサボることができない。周りに頑張っている仲間がいるならば、「自分も頑張ろう！」という気にもなるだろうし、休憩時には一緒に気分転換もできる。しかし、なんといっても**「opened space」の醍醐味は、騒音だ**。意外に思われるかもしれないが、受験当日、会場が必ずしも静かであるとは限らない。むしろ、

自分が集中できる場所を持っていましたか？

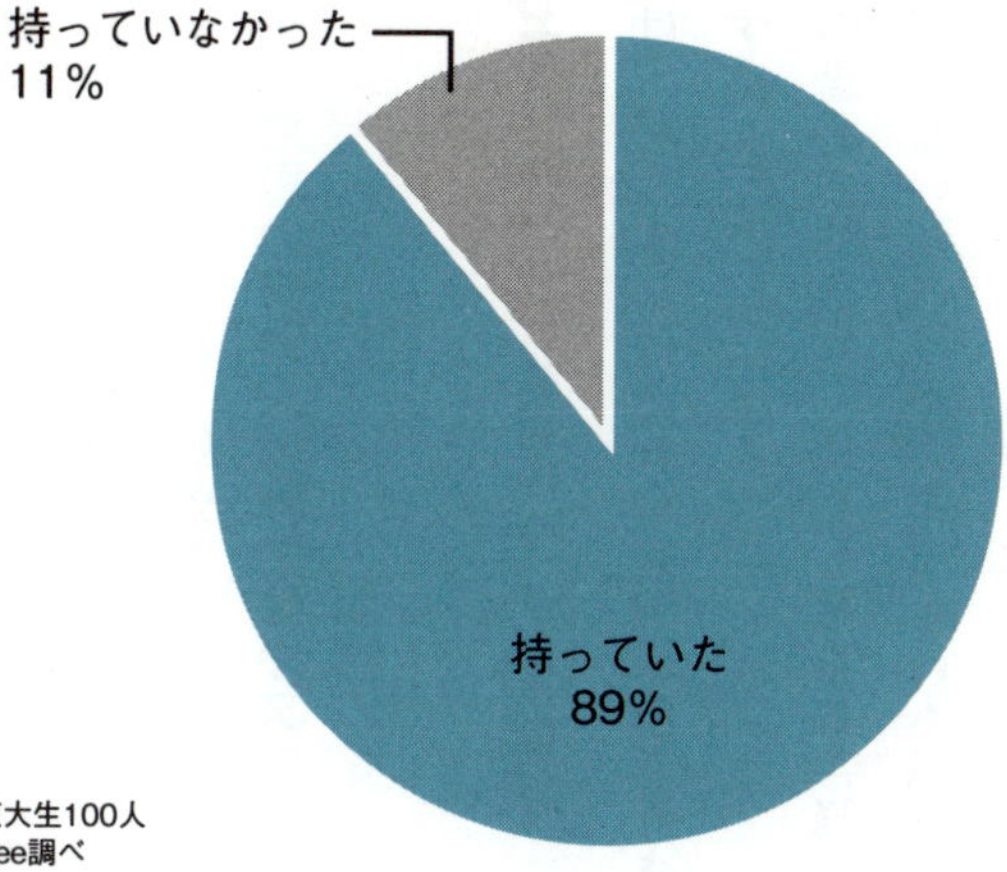
持っていなかった
11%
持っていた
89%

回答総数　東大生100人
株式会社U-Tee調べ

建物の周りを歩く人の声は必要以上に耳に入ってくるものだし、隣の人の独り言・筆記音など、集中を乱す要素はいっぱいある。だが、そんな要素があって当たり前の「opened space」で勉強してきた人ならば、めったなことでは集中を乱されることなんてないはずだ。

対して、「closed space」で勉強することのメリットは、**自分のリズムで勉強できること**。休憩するタイミングを自分で決めることができるし、音読など、他の人がいるところではやりにくい勉強だって遠慮なくできる。「今日はちょっと疲れたな」というときは、布団のうえに寝転んで、単語帳をペラペラめくってみるのもいいだろう。また、自室には、勉強道具にアクセスしやすいという良さもある。自分のやりたいときに、やりたいことを自由にすることができるのだ。

ただ、当然「opened space」にも「closed space」にも短所はある。周囲を騒音がとりまく**「opened space」で勉強するためには、強い集中力が必要だ**。また、気分転換からすぐに勉強に入り込む「切り替え」の上手さも求められる。一方、「closed space」には自分を監視する外からの視点が存在しない。また、自室ならば身近に遊び道具があるため、ついつい楽なほうに流れ、勉強をサボりがちになってしまう。リラックスできるという長所がある反面、**意思の強い人以外にはオススメできない勉強場所である**といえるだろう。

■「opened space」での勉強法

では、どうすればそれら勉強場所をうまく活用できるかを個別に見ていこう。

まずは「opened space」。

この場所の特徴は、良くも悪くも「騒音」もしくは圧迫感につきる。それが適切な範囲ならば問題ないだろうが、あまりにも騒々しく、もしくは重苦しくなり、自分の勉強に支障が出るほどになってしまっては本末転倒だ。そうならないためにも、本書では**耳栓を持ち歩くことをオススメしたい**。外部からの情報をシャットアウトし、「簡易closed space」のようなものを作り上げることができるので、イザというときには本当に頼りになる。

また、「opened space」を使うときには、どこに座るかも重要。なるべく窓際の陽が入る席を確保しておきたい。集中力がとぎれてきたときはぼんやりと外を眺め、英気を養ってから再び勉強に戻ろう。

■「closed space」での勉強法

次に、「closed space」。

この場所を使うときの最大の敵は「サボりへの誘惑」。部屋を常にキレイにしておけ、とまでは言わないが、**せめて机に座ったときに視界に入る範囲くらいは整理整頓しておくべきだ**。作業の能率が劇的に変わってくる。

また、「独りだと、どうしても誘惑に負けてマンガを読みふけってしまう」というような人は、定期的に家族などに見回りに来てもらうようにしよう。背に腹はかえられない。

本項では、勉強場所を「opened space」と「closed space」の2種類に分けて解説してきたが、実際は両方を使い分けている受験生がほとんどだろう。どちらのほうがいい、というわけではなく、**両方の長所・短所をよく把握したうえで、今自分が何をやりたいのかに応じて勉強場所を選んでいってほしい**。

集中力を高めるためのその①

勉強場所は勉強内容によって選ぶ

私の合格体験記

『ファミレス活用術』

大塚悠司さん（経済学部3年・高知出身）

「周りがうるさいから勉強に集中できない」。そのような言い訳をして、勉強から逃げようとしている読者はいないだろうか。今回はあえて、ファミレスで勉強して東大に合格したという大塚さんに話を伺ってみた。大塚さんは受験勉強の際、予備校の自習室とファミレスの双方を拠点として勉強していたという。

「やっぱり、自習室で淡々と勉強しているだけでは飽きがくるし、眠くなるんですよ。その点、ファミレスだと人目があるから引き締まるし、サボりにくい。ドリンクの飲み放題があるところも多いですから、気分転換もしやすいですしね」

お金を払って勉強している、というちょっとしたプレッシャーも、勉強のモチベーションへとつながったようだ。

「ただ、ファミレスを使う際には注意しなければいけないこともあります。まず、友達と一緒には行かないこと。絶対にしゃべります（笑）。勉強になりません。また、たまに周りから聞こえてくる声が大きくて、かつ面白いこともあるので注意が必要です。そんなときは、ヘッドフォンをつけて、自分の世界に入るようにしていましたね」

しかし、にぎやかな環境で集中力が低下しなかったのだろうか。

「うちの場合、家で勉強してても親がテレビを見るのを止めてくれなかったんですよ。小学生のころからそうだったので、騒音のなかでの勉強にも慣れていたのかも」

幼少時からの環境が、外部からの情報を意識的にシャットアウトできるとてつもない集中力を生んだのかもしれない。

最後に受験生へ一言。

「受験は、自己満の世界だと思います。全力を出し切ることに意義がある。受験生のみなさんには悔いの残らないよう行動していってもらいたいと思います」

集中力

②

勉強にBGMは必要か？

BGMを「聴いてはいけない」

効果

★★★★★

手軽さ

★★★★★

勉強しながら音楽を聴いている人がいる。いわゆる「ながら勉」というもの。一般的には効率が悪いとされているようだが、はたして本当にそうなのだろうか。アンケートをもとに検証してみよう。

■趣味もいろいろ、スタイルも千差万別

東大生アンケートに対し、「(勉強するときに音楽を) よく聴いていた」「ときどき聴いていた」と答えた人の割合は68％であり、「あまり聴かなかった」「まったく聴かなかった」と答えた人は、あわせて32％に過ぎなかった。少々意外な結果だ。

詳細なコメントも見ていこう。ＢＧＭ否定派からは「余計な音があるとまったく集中できなくなる」「集中できているように見えて、集中できていない」という辛らつな声が多かった。

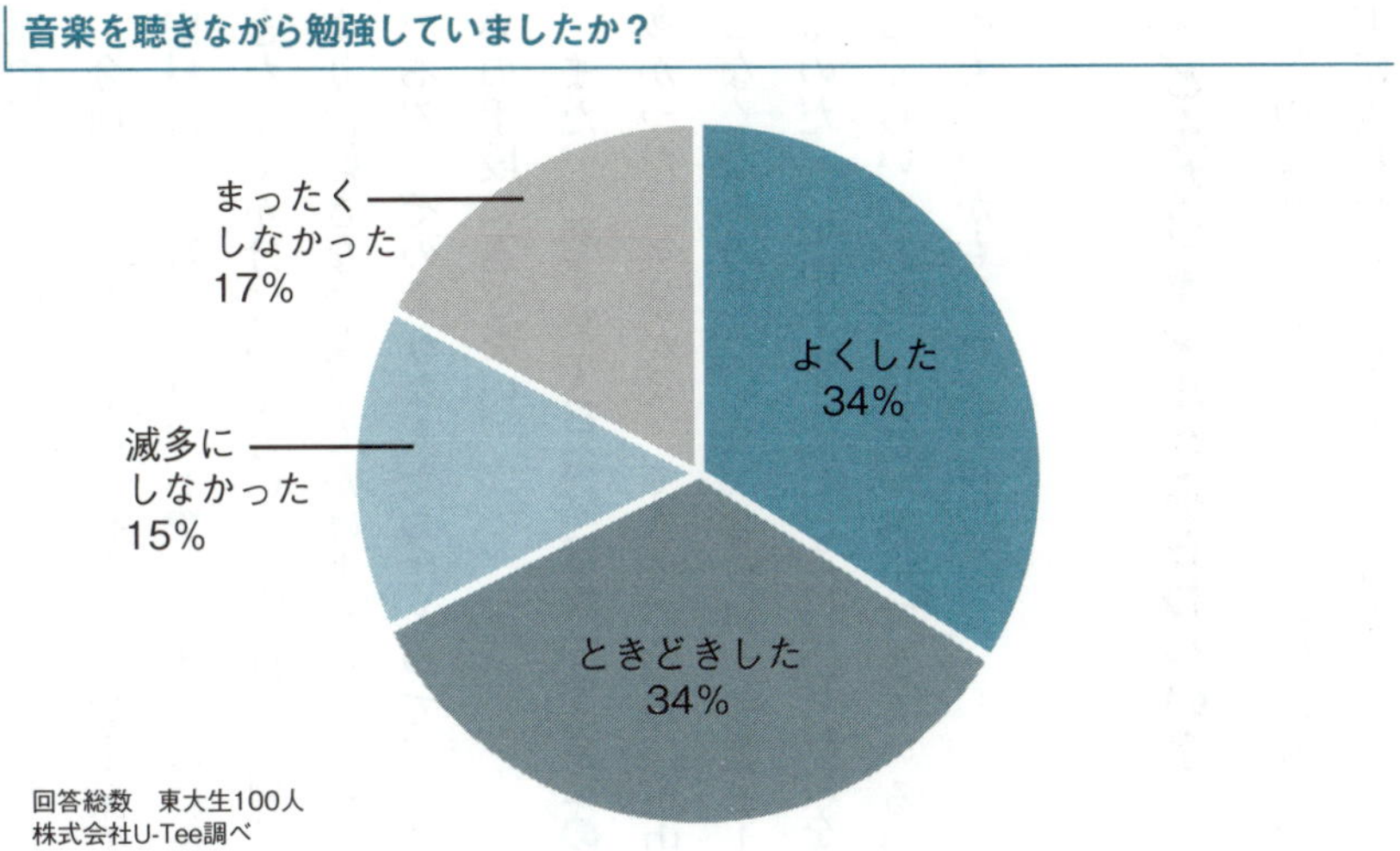
音楽を聴きながら勉強していましたか？
まったく
しなかった
17%
よくした
34%
滅多に
しなかった
15%
ときどきした
34%

回答総数　東大生100人
株式会社U-Tee調べ

自分の体験にもとづいた意見なだけに、説得力がある。

ただ、ＢＧＭ肯定派にも言い分はある。「ＢＧＭをかけることで、無理やりテンションを上げた」「むしろ、音楽がないと勉強できない」などなど。

ＢＧＭは集中力をアップさせるのか、ダウンさせるのか。どういった付き合い方をしていけばいいのか。個人の趣味・スタイルが著しく異なるトピックなだけに難しいところではあるが、考えてみる価値はある。

■ 本当に集中できているの？

ＢＧＭ否定派からみると、「ＢＧＭを聴きながら集中できるなんて信じられない」というところかもしれない。しかし、そこには誤解があるようにも思える。実は、**ＢＧＭ肯定**

派のほとんどは、ＢＧＭをかけながらもそれをほとんど聴いていないようなのだ。

今回、アンケートに寄せられた肯定派のコメントは二つに大別できる。一つは「**ＢＧＭは周りからの音をシャットアウトするのに役立つ**」というものだ。つまり、積極的に音楽を聴きたくてかけているというよりは、「周りの音がうるさいから、騒音を聞きながら勉強するよりは好きな音楽でもかけよう」という、消極的な理由からＢＧＭをかけている人が多いのである。そのような人たちにとって、ＢＧＭはあくまで「集中する」という目的を達するための手段に過ぎない。

また、「**あくまでＢＧＭは集中するためのきっかけに過ぎない**」という主旨のコメントも多かった。気分が乗ってきて、勉強に集中できるようになれば、自然とＢＧＭは頭に入ってこなくなるのだという。ＢＧＭが勉強モードに入るためのスイッチとしての役割を担っているのだ。「集中できないときにはＢＧＭをかけ、気分が乗ってきたら止めた」という人もいるくらいである。自分が集中できているのかどうかをはかる指標としてＢＧＭをかけてみるのもいいかもしれない。

■どんなジャンルがふさわしい？

このように、ＢＧＭをかける側にも一定の理はある。ＢＧＭがないとスムーズに勉強モードに入れないという人もいるのだ。

集中力を高めるためのその②

好きな音楽を聴いて勉強モードへ切り替えろ

それでは、そんなBGM肯定派にはどんなジャンルの音楽が人気なのだろう。アンケートで多かったのは、ポップス、ロック、それに次いでクラシック。結局、**自分の好きな音楽を聴くほうが、無理をしながら嫌いな音楽を聴くよりも気持ちが乗ってくる**ということなのだろう。ただし、日本語の曲はどうしても脳が歌詞を追ってしまいがちになるので、ボーカル抜きのインストゥルメンタル、もしくは洋楽・クラシックが無難なところではある。特にクラシックには右脳の働きを活性化させる働きがあるらしいので、それほど抵抗感がない人にはオススメ、といったところだろうか。

「勉強する気にならないなぁ」。そんなときは、大好きな音楽を聴きながら勉強をはじめる。「乗ってきた！」そう思ったら停止ボタンを静かに押す。あとは高揚したテンションそのままに、目の前のテキストに集中する。そんな勉強もありなのだ。ただし、**繰り返しになるが音楽に聴き入ってしまい手元が疎かになるタイプの人にはオススメできない**ので、くれぐれも注意してほしい。

私の合格体験記

『BGMでテンションをコントロール』

兼子貴憲さん（工学部3年・東京出身）

ＢＧＭ実践編ということで、正統なのか異端なのかよくわからないＢＧＭの聴き方をしていたという兼子さんに話を聞いてみた。

「普段、集中したいときにはクラシック。なかでもモーツァルトやベートーベン、ドヴォルザークなどの交響曲をよく聞いていましたね。先入観かもしれませんが、ロックや歌がある邦楽はあまり勉強に向いていないような気がします」

なんでも変わった趣味をお持ちとのことですが。

「試験前日やモチベーションを上げたいとき、気分が高揚しているときには軍歌や行進曲、特に海軍のものを聞いていました。軍歌って、もともと気分を高めるために作られた歌じゃないですか？　思想的な問題云々は抜きにしても、モチベーションを上げるためにはうってつけだと思います」

もちろん、万人受けはしないかもしれない（軍歌は勇ましいＪ－ｐｏｐでも代用可能だろう）が、「こういう気分になりたい」という希望をもとに勉強のＢＧＭを選ぶというやり方は興味深い。

「はい。ＢＧＭは目的に応じたものをかけるべきだと思います。音楽には、人の感情に働きかけてくる不思議な力がある。きっとあなたにも良い影響を与えてくれるはずです。受験勉強、頑張ってください」

ちなみに兼子さんのオススメＢＧＭはモーツァルトの第39番、ベートーベンの偶数交響曲、軍艦行進曲、関東軍歌ということである。

集中力 3

時間制限を設けるか否か

ときと場合によって使い分けを

効果 ★★★★★

手軽さ ★★★★★

高校の授業は50分だし、大学の講義はだいたい90分くらい。学生生活は時間単位で区切られていることが多い。このように時間を区切って勉強するやり方は、はたして受験勉強の際にも有効なのだろうか。

■時間制限を設けること・設けないことのメリット

時間制限を設けること、設けないことにはそれぞれメリットがある。

まずは、時間制限を設けるケースから考えてみよう。このようなときには、「時間までにここまでは終わらせよう」という心理が自然に働くので、**適度な緊張感のもとで効率よく作業を進めることができる。問題を解く際のスピードも上がる**ことだろう。

対して、時間制限を設けないことのメリットは、他の何も気にすることなく作業に没頭することができるという点だ。

問題を解く際に制限時間を設けていましたか？

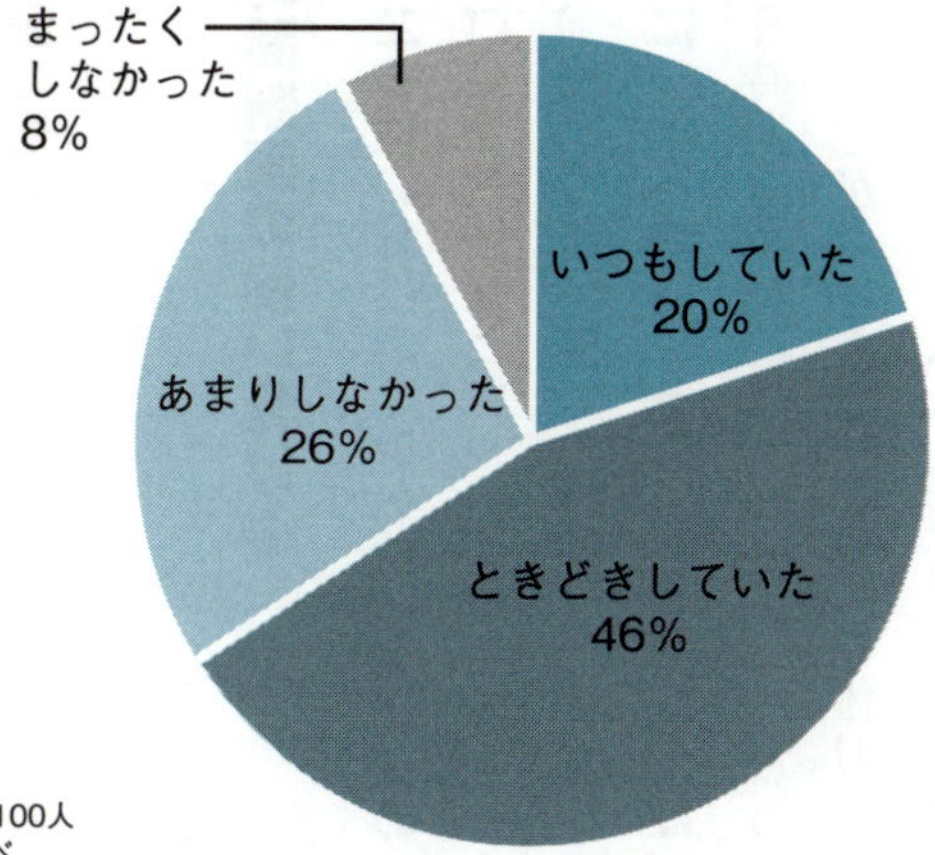
まったくしなかった 8%
いつもしていた 20%
あまりしなかった 26%
ときどきしていた 46%

回答総数　東大生100人
株式会社U-Tee調べ

自分の気の済むまで作業を終える必要がないので、集中力が続く限り、いつまでも勉強を続けることができる。**じっくり考える必要のある問題に取り組むときなどに有効だろう。**

■時間制限の使い分け①

このように、制限時間を設けることにも設けないことにも、それぞれメリットはある。今度はこのメリットの恩恵を最大限に受けることができる使い分けについて考えてみよう。

まず、**第一の使い分けポイントは、あなたの「やる気」だ。**なんだかやる気が湧いてこないというときに、難しめの問題にじっくり取り組もうとしても注意が散漫になり、時間だけがどんどん過ぎていくことだろう。

そんなときは、ふだん勉強しているときよりもさらに短い制限時間を設け、一問一答や計算問題など、単純な問題を集中的に解いてみてほしい。ゲーム感覚で取り組むことができるため、いつのまにか夢中になっている自分がいるはずだ。また、この「ゲーム」を終えたあとは、頭も勉強モードに切り替わっているため、自然とやる気も湧いてきているはずである。

■時間制限の使い分け②

第二の使い分けポイントは、今現在の「時期」だ。

一口に受験勉強といっても、それを行う時期によって身につけるべき能力は異なる。たとえば、**秋口くらいまでの時期は、大雑把にいうと問題を解くための「考え方」「考える体力」を身につける時期である。**この時期には、時間制限を設けずに、じっくりゆっくり問題に向き合う時間も積極的にとっていったほうがいい（特に数学）。

秋口までが「考え方」「考える体力」を身につける時期であるのに対し、**それ以降はそこまでに培ってきたベースをもとに、問題を解く「スピード」や解答の際の「戦略」「テクニック」などを身につけていく期間である。**仕上げの時期といってもいいだろう。

この時期からは志望校も決まり、どんどん過去問を解き始める時期だと思うが、そのときにはきちんと時間制限を設けたほうがいい。

入試本番では、解いていて時間が余ることはまれ。ほとんどの人は最後の問題にまでたどりつけるかどうか、というまさにスピード勝負の世界なのである。そのような世界で、1問目から順番にコツコツ問題を解いていっていては、完全に置いていかれる。途中の難問に時間をとられ、最後の方に控えていたはずの簡単な問題を取りこぼすことになるかもしれないからだ。

したがって、模試を受ける際には「どういう順番で大問を解いていくか」というような「戦術」や「この問題はどのくらい時間をかければ解けるか」を瞬時に判断する「テクニック」を養成することが最大の課題となってくる。この、いわば勝負勘のようなものは、時間制限を設け、自分を追い込んでみることでしか習得することができないもの。だからこそ、受験本番が近づいてきた冬季には、時間制限を設けて問題を解くことが重要なのだ。

集中力を高めるためのその③

時間制限のポイントは「やる気」と「時期」

受験まで期間のあるときは「なし」、やる気の出ないとき・受験が近づいてきた時期には「あり」、という原則を頭の中に叩き込みながら、自分自身のこころをうまく乗りこなしていってほしい。

私の合格体験記

『臨機応変な対応がカギ』

Tさん（教養学部2年・神奈川出身）

今回のアンケートのなかでも、最も肯定派と否定派の間で対立があった項目の一つが「制限時間を設ける」ことの是非について。今回は、制限時間を設けていた、というTさんに具体的にどのようなことをしていたかについて尋ねてみることにした。

「体調にもよりますが、だいたい60分〜90分間勉強して、10分〜15分休む、というリズムで行動していましたね。このくらいの時間が、自分が集中力を維持できるちょうどいい時間でした」

なぜわざわざ制限時間を設けたのだろう。

「制限時間があると、あとどれだけ勉強すれば休憩できるかがわかりやすいから、集中しやすいし、モチベーションアップにもつながります。逆に、時間制限がないと、ついダラダラ勉強してしまい、かえって意味のない時間を過ごすことになってしまいそうだな、と」

問題を解いている最中に終了時間が来てしまい、イライラしたりした経験などはなかったのだろうか。

「この問題は解くのに時間がかかりそうだ、終了時間までに終わらなさそう、と思ったらその時点で早めに切り上げるようにしていました。何事も臨機応変に対応することが重要なんだと思います」

そんなTさんだが、実は現役時は受験に失敗している。

「とにかく勉強時間をとらなきゃ、と思って休みもとらずにズーッと机に向かってたんですよ。当然、集中力はとぎれるのに。勉強した気になるだけで、あまり成果は上がりませんでしたね」自分の体験に根ざした勉強法なだけに、説得力がある。

集中力

④

気分転換の必要性

適度な休憩でリズムを生み出せ

効果
★★★★☆

手軽さ
★★★★☆

人間の集中力はどれくらい持続するものだろうか。多少の個人差はあるとしても、何時間も連続で集中力を保つことができる人間なんて、そうはいないはず。いったい、どのような休憩をとることが望ましいのだろう。

▪休憩の取りすぎに注意

アンケートによると、「受験勉強の合間にどれくらい休憩をとっていましたか」という質問に対し、「5分～15分」であると回答した人が約半数。ついで「15分～30分」が27％、「30分以上」が22％だった。

もちろん、「5分～15分」が多かったのは、学校や予備校などの休憩時間が約10分であることを受けてのものでもあるだろう。

勉強の合間の休憩はどのくらいの時間をとっていましたか？

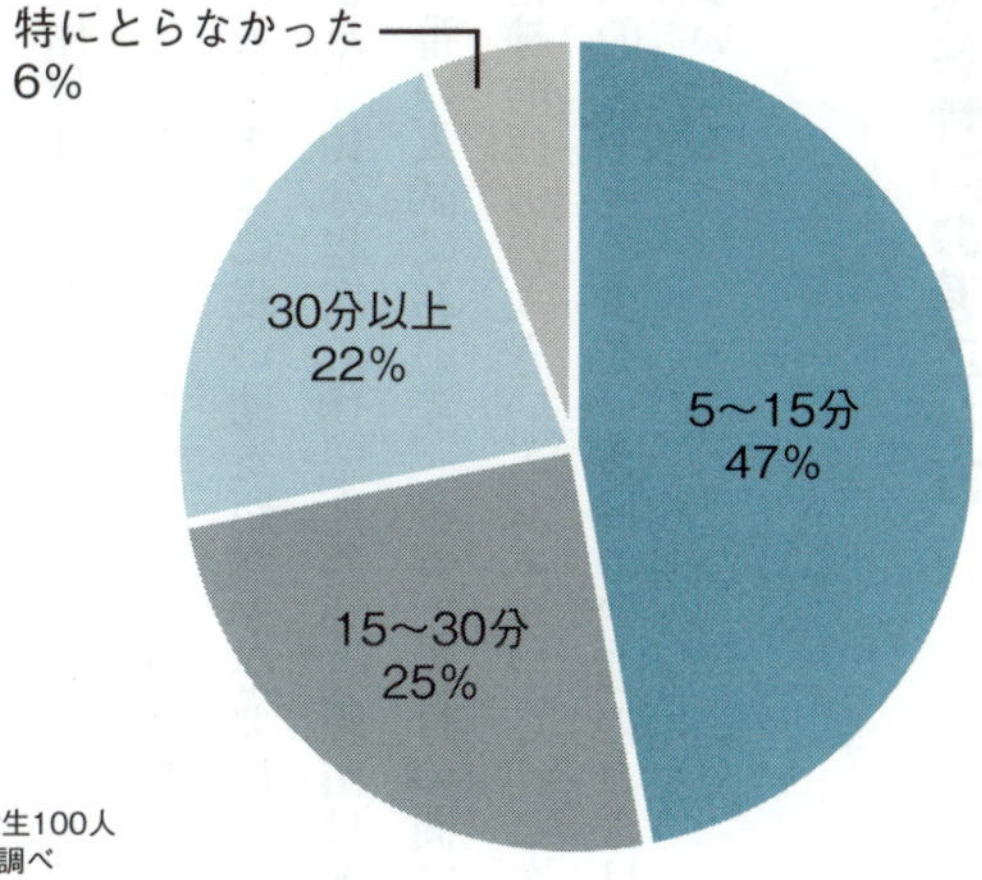
特にとらなかった
6%
30分以上
22%
5〜15分
47%
15〜30分
25%

回答総数　東大生100人
株式会社U-Tee調べ

だが、注目すべきは数字よりも寄せられたコメントである。「30分以上」休憩していたという人のなかでも、相当数の人が「休憩時間をとりすぎた」という主旨のコメントを残してくれた。どうやら、これらの人の本音は「ほんの少し息抜きしているつもりが、いつの間にか時間がたってしまった」というもののようだ。

確かに、1時間勉強した後に1時間休憩しているようでは、学習はなかなか進まない。**休憩をとってリラックスすることも重要だが、それ以上に休憩時間をしっかり管理することが大事なのだろう**。

というわけで、**本書がオススメする休憩時間はオードソックスに約10分**。

長時間の休憩は、適度に心身をリラックスさせてくれるが、同時に集中状態まで解除してしまうというデメリットもある。

約10分程度の休憩ならば、脳も完全には休憩モードに入っておらず、その後の勉強にもスムーズに入ることができるだろうが、長時間の休憩をとり、脳が完全に休憩モードに入った状態から勉強モードに切り替えるのはなかなかに大変な作業だ。自動車でたとえれば、短時間の休憩はアイドリング（エンジンをかけたまま待機している状態）のようなもの。そこからトップギアにもっていくことは比較的容易だが、一度エンジンを切ってしまうをトップギアに入るまでに長い助走距離が必要になってしまう。

また、10分程度の休憩を薦める理由は他にもある。

本番の入試において、科目と科目の間に設けられている時間はだいたい20分程度。もっとも精神的疲労の大きい入試本番でさえこの程度の休み時間しか与えられていないのだから、比較的疲労度の少ない普段の勉強のときは、それよりも短めの休憩時間に慣れておいたほうがよいだろう。

■休憩時間の過ごし方

マンガ、友人と話す、読書、ゲーム、インターネット、寝る……。これが東大生の休憩時間の過ごし方だ！といっても、とりたてて目新しさは感じない。要は、自分の好きなことを好きなようにやっていたということだ。

一方で、**何をするかよりも大切なのが、きちんと設定時間を決めるということ**。たとえゲームをやるときでもダラダラ続けるのではなく、しっかり終了予定時刻を決めておく。それができないという人は、ゲーム機を部屋から放り出してしまおう。

どうしても意思が弱いという人はあらかじめアラームを設定するか、家族や友人に定期的な見回りを頼むようにしてみてはいかがだろうか。

■リズムが出てくると自信につながる

テレビの野球中継を見ていると、好投しているピッチャーに対し解説者が「テンポよく投げていますね」といったコメントを添えることがある。サッカーならば「攻撃にリズムがありますね」といったところだろうか。いずれにせよ、スポーツの世界では『リズム』というものが非常に重要視されているのである。

勉強にも同じことが言える。適切な休憩を挟みながら勉強を進めていくことで、集中力を持続できるだけでなく、リズムを生むことにもなる。**そのリズムに乗っていけば、気分よく、しかし確実に成果を残しながら勉強していくことができるだろう。**

集中力を高めるためのその④

休憩は、時間設定が大事！

私の合格体験記

『充実感が得られるかどうかが大事だと思います』

神宮司彩さん（教養学部2年・東京出身）

「小休憩のときには、お茶を飲んだりお菓子を食べたり、だいたいのページを決めてから小説を読んだり、筋トレをしたり。移動中の気分転換にはＣＤを聞いていました。今思うと、いろいろやってましたね」と話すのは、2年生の神宮司さん。東大模試でトップをとるという、とんでもない経歴の持ち主でもある。

「小説は違う世界に行けるので、リフレッシュ度が高い気がしました。お菓子は、食べ過ぎると太ってしまうし、『食べることしか楽しみがないなんて悲しすぎる』と自己嫌悪に陥ってしまうのであまりオススメできません（笑）」

神宮司さんの一押しの過ごし方は筋トレ。なんだか生産的なことをしている、という充実感があるのだと笑う。

「少し疲れてしまいますけどね。いずれにせよ、充実感が得られるかどうかは大事だと思いますよ。そうじゃないと、後から自己嫌悪に陥ってしまってかえって疲れてしまいますから」

そんな神宮司さんに、受験期の心構えを尋ねてみた。

「長い人生のうち、受験勉強で我慢しなきゃいけない時間なんてその中のたった1、2％、ほんの短い期間です。集中して、一気に乗り越えちゃえ！」

このいい意味での開き直りこそが、神宮司さんのパワーの源なのかもしれない。

石浦教授の出張講義 ③

『メディアリテラシー』

「脳科学」ということばはご存知でしょう。私も脳を研究している科学者の一人ですが、最近は、このことばだけが世間で独り歩きしているような印象を受けることがあります。

海馬はほとんど新生しない？

脳のなかには、短期記憶や情報の整理を司る、「海馬」という器官があります。今から10年ほど前に、この海馬の細胞が新生するという発見がなされ、世界中に大きなインパクトを与えました。これまで、人間の神経細胞は5～6歳ごろまでに完成し、それ以後はただ減少していくだけのものだと考えられていたからです。

しかし、さらに調べてみると、新生しているのは全体で何百万とある細胞のうちの、ほんの2～300個ほどに過ぎないことがわかってきました。研究者はその働きを活性化させようと頑張っているのですが、なかなかうまくいっていないのが現状のようです。

情報を鵜呑みにしてはいけない

脳のはたらきは、いまだにそのほとんどが解明されていません。また、先ほど挙げた「海馬」の例のように、最新の研究で面白いデータが出てきたからといって、それがどのような意味を持つかを判断するには精密な検証が必要不可欠です。

現代はマスメディアの時代です。新聞・テレビ・インターネットや本などにより、さまざまな情報が私たちに流れ込んできます。しかし、それを鵜呑みにしていてはダメでしょう。メディアは、面白くてインパクトのある情報であれば、確たる証拠がなくとも報道することがありますから。

同様に、「○○の専門家が話していたから」という理由で真偽を判断することも考えもの。メディアなどでは専門家の話として取り上げられていても、実際は研究経験の乏しい単なる文化人の「お話」に過ぎない、という場合もあるからです。

何か新しい情報、特に「おいしい話」を聞いたときは、まず「あれは本当にいい話なのかな。あやしいところはないのかな」と疑ってみるようなクセをつけたほうがいいと思いますね。情報が氾濫している時代においては、この情報の真偽を見抜いていく能力＝メディアリテラシーが、ますます重要になっていくことでしょう。

ブックマン社の大学受験参考書　**ココでカセぐ!!**　**発売中!**　**シリーズ**

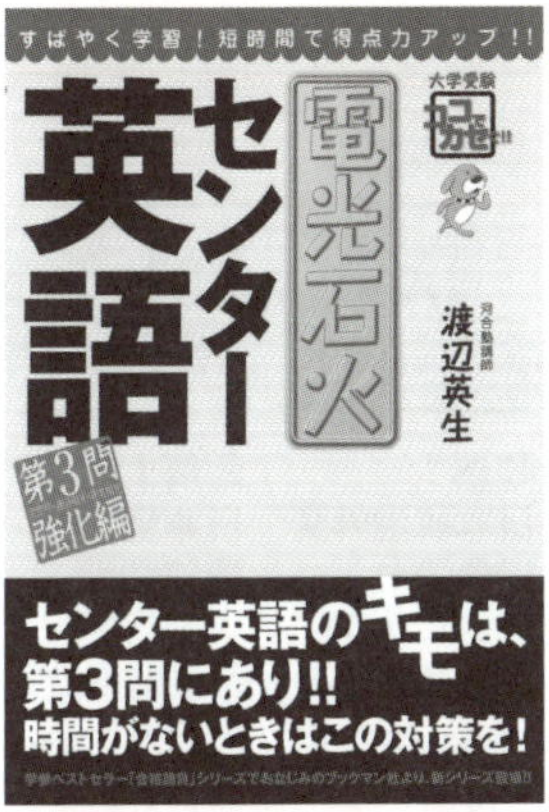

すばやく学習！短時間で得点力アップ!!
センター英語
電光石火
河合塾講師 渡辺英生
第3問強化編
センター英語のキモは、第3問にあり!!
時間がないときはこの対策を！

電光石火 センター英語

〈第3問 文整序・適語補充・適文補充〉強化編

河合塾講師　**渡辺英生**　1,200円（税込）

単語も文法も高レベルのものが出題される第 3 問を攻略すれば、英語の長文問題集を解かなくても、長文に対応できるだけの単語・文法能力をつけることが可能となります。

収録単語は1000 語以上！
単語・熟語帳としても活用可能。
センター試験・英語において、
最も得点を落としやすいところを集中強化！

センター英語は、第3問でカセぐ !!

電光石火 センター現代文

100点満点への道

東進ハイスクール講師　**河本敏浩**　1,200円（税込）

評論は結局、設問にしたがって本文を確認していく作業にすぎない。
小説の読解力は、一般的な国語力とはあまり関係がない。
どちらも、コツがわかれば点数が飛躍的に伸びる !!

センター試験対策の講義、センター型模擬問題作成歴、成績分析など、河本先生の 15 年のキャリアをもとに、センター試験の実際の問題を精選し、よりカンタンに、よりわかりやすくまとめられています。

すばやく学習！短時間で得点力アップ!!
センター現代文
電光石火
東進ハイスクール講師 河本敏浩
100点満点への道
現代文は「区画」で解く！
センスを磨けば満点がとれる。
学参ベストセラー「合格請負」シリーズでおなじみのブックマン社より、新シリーズ登場!!

めざせ！ センター現代文100点満点
センター試験は現代文でカセぐ！

ン社の合格請負シリーズ

カリスマ講師・竹内睦泰先生の日本史シリーズ

超速！日本史の流れ 1,008 円（税込）

原始から大政奉還まで、2時間で流れをつかむ！

教科書ではつかめない日本史の流れが、著者の語り口にグイグイ引き込まれて読むうちに、いつの間にかわかるようになる本。重要事項は一通りカバーしてあるほか、入試の頻出ポイントも「論述図解チャート」「論述キーワード」を眺めるだけでわかる。

超速！
日本近現代史の流れ
1,008円（税込）

つかみにくい近現代史を、一気に攻略！

超速！
日本文化史の流れ
1,008円（税込）

入試で差がつく文化史を、最短・完全攻略！

超速！
日本政治外交史の流れ
1,050円（税込）

入試最頻出の18テーマを完全攻略！

超解！
日本史
史料問題
1,155円（税込）

最難関の史料問題が、これ一冊で大丈夫！

困ったときには三羽先生！　センター試験対策シリーズ

センター漢文　解法マニュアル
1,040円（税込）

完全攻略！　着眼点の８本のモノサシで解く!!

センターの配点が50点もありながら、最も短時間の勉強で得点に結びつく漢文。センター頻出の句法と、その句法が効率よく使える解法がいつの間にか身につく本。

センター古文　解法マニュアル
1,040円（税込）

完全攻略！　着眼点の８本のモノサシで解く!!

センター試験頻出の文法や重要古語、和歌の修辞など「得点に直結する知識」をマスターし、「どんな点に注意して問題を解くか」という解法の着眼点を身につければ、センター古文は攻略できる。

第4章

大学合格のための「記憶力」

記憶力 1

声を出して覚えよう

五感・語感を活用した勉強法

効果 ★★★★★

手軽さ ★★★★★

「覚えるために声を出して覚えたか」という問いに、東大生の半数以上がＹＥＳと答え、8割以上が「効果はある」と回答した。「音読なんて、小学生のやること」と言いたくなる気持ちはわかるが、そう決めつけてしまうのは、少々早計なようだ。

■語学の本質は「リズム」

アンケートによると、英語や古典など、いわゆる語学の学習に音読を利用していた人が多い。両方とも、現代日本語とは違った独特のリズムを持つ言語である。このリズムごとマスターすれば、記憶として定着しやすくなるし、読解力も向上する。また、こと英語に関してはうまく音読できるようになれば、リスニング力の向上を狙うこともできる。

音読することによって、単なる知識を「使える」知識に昇格させることができるのである。

覚えたいことを声に出しましたか？

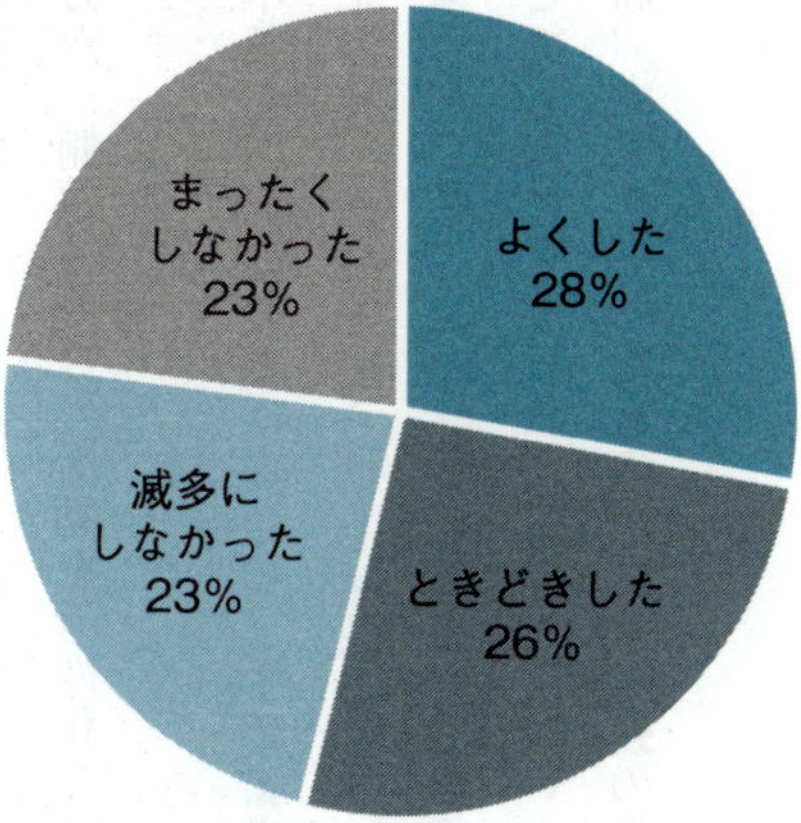
よくした
28%
ときどきした
26%
滅多に
しなかった
23%
まったく
しなかった
23%

回答総数　東大生100人
株式会社U-Tee調べ

キーワードは3回

一方、日本史・世界史、理科などの暗記科目においても音読して覚えていた、という人たちがいる。彼らは、おもにキーワードを覚えるために音読をしていた模様。とくに、世界史。日本語では考えられない奇抜な人名も多く、読むだけではなかなか覚えられないという人も多いだろう。

そんなときは、**アクセント・抑揚を変化させながらキーワードを3度、声に出して読んでみるといい**。とくに3回にこだわる科学的根拠はないが、少なすぎては効果が薄くなってしまうし、多すぎては注意が散漫になってしまう。自分にあった回数を見つけてもらいたい。

「鶴の恩返し」に学べ

脳科学者の茂木健一郎さんによると、長期記憶は大脳皮質にある側頭連合野というところに蓄えられるという。実は、この側頭連合野は記憶の保管庫であると同時に、視覚・聴覚といった感覚認知を司る器官でもあるのだ。したがって、さまざまな感覚を用いて覚えようとした方が、側頭連合野の活動を活性化し、知識が定着しやすくなる。

茂木さんは、**目で読みながら、手で書きながら、声に出しながら、からだを動かしながら…とにかく、ありとあらゆる手段を使って全身全霊で記憶する「『鶴の恩返し』勉強法」とでも言うべきものを中学生のころから実行していたという。**一心不乱に勉強しているその姿は、とても人に見せられたものではないから、とのこと。

結局、成果を上げたものが受験勉強の勝者。必ずしもスマートに勉強する必要はないのである。

目覚め読みのススメ

さて、ではそんな音読をどう日常に取り入れていけばいいかを考えてみたい。**オススメは、朝起きてすぐに英語や古典を朗読すること。**起床直後は、どうしても頭がぼんやりしがち。

記憶力を高めるためのその①

音読を日常生活に組み込め！

いきなり集中モードに入るのは困難だろう。だからこそ、音読から始めてみるべきなのだ。音読は、脳への刺激が強いため、ぼんやりしていた脳が目覚めるきっかけになる。その後の勉強にもスムーズに入れるだろう。

もちろん、同様のことは毎食後など、集中力が低下した時間帯にもいえる。勉強を始める前の精神統一の一つとして、音読を取り入れてみてはいかがだろうか。

音読は、できる場所が限られる勉強法ではあるが、手軽だし効果も大きい。朝起きてすぐや夜寝る前など、生活習慣のなかにうまく取り入れながら実行していってほしい。

私の合格体験記

『教科書をひたすら丸暗記しました』

松田直樹さん（経済学部3年・岐阜出身）

どんな言語でも、話しことばが生まれ、その後に書きことばが発明された。受験勉強をしていると、そんな当たり前のことをついつい忘れてしまう。文法事項など、細かい丸暗記に挫折したばかりに、英語そのものが嫌いになったという人も多いのではないだろうか。「語学を勉強するときは、音読をするべきです」という松田さんのことばは、そんな受験生がスランプを脱出するきっかけになるはずだ。

「自分の場合、英語で定期テストがあるときには、2週間くらい前からひたすら教科書を音読していましたね。そのときのコツは、ただ読むだけでなく日本語訳や文法事項を思い浮かべながら読むこと。それなりに回数をこなせば、もはや自分のなかに英語がしみこんでくるんです。ちょっと感覚的でわかりにくいかもしれませんが、一度体験してみると病みつきになりますよ」

こうやって感覚的に身につけた記憶は、定期テストが終わったあともなかなか忘れない。実力テストなどの際にも役立つ、「本物の語学力」として脳に定着していくことになる。

「最近は、センター試験でも英語リスニングが行われるようになりましたよね。実は、音読はリスニング力アップにもつながるんです。ネイティブに近いスピードで音読練習をしてみると、より効果があるようですよ」

まさに一石二鳥な音読学習法。周囲の人の勉強の邪魔にならない場所でしかできない、という欠点はあるが、まずは2週間、だまされたと思って教科書や例文集をひたすら音読してみてはいかがだろうか。

記憶力 2

書いて書いて書きまくれ？

効率のよい「書く」を追求せよ

効　果 ★★★★★

手軽さ ★★★★★

「覚えるためには手を動かしなさい」は、非常によく聞く勉強用語（？）だ。小学生のころ、漢字などをひたすら書いて覚えた、という経験は誰しも持っているだろう。東大生アンケートでも約6割の学生が受験生のときに筆記法を採用したと答えている。

ただ、その内容を見てみると、どうも人それぞれやっていることが違う。「英単語をひたすら書きまくった」という人もいれば「数学の問題集を繰り返し、公式のパターンをからだにしみこませた」という人もいる。どういうときに、どういうやり方を採用するのがベストなのだろう。それが本項のテーマだ。

■単語・キーワードの覚え方

まずは、英語・社会などの単語を覚えたいときはどうすればいいかを考えていこう。

覚えたいことをノートなどに書き、手を動かして覚えましたか？

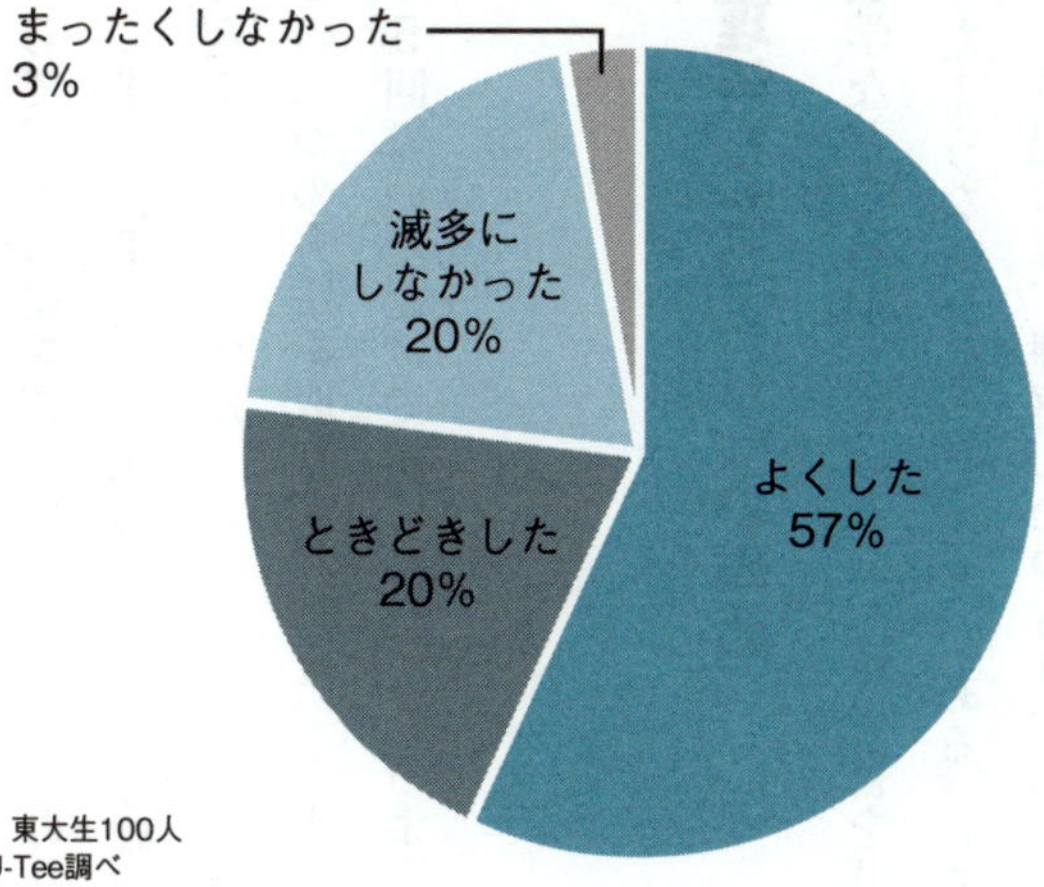
まったくしなかった
3%
滅多に
しなかった
20%
ときどきした
20%
よくした
57%

回答総数　東大生100人
株式会社U-Tee調べ

これらを覚えるときに最もよく使われるやり方が、ひたすら書いて覚えること。小学校の漢字練習はその好例だろう。しかし、このやり方には批判の声も多く寄せられた。「**やっているうちに書くことそのものが目的になってしまうので、時間だけかかってあまり効果がない**」というものだ。

確かに、この批判には一理ある。いわゆる「まじめなのに成績の上がらない子」のほとんどは、この状況に陥ってしまっているといっても過言ではないだろう。しかし、だからといって書いて覚える方法が有効でないとは限らない。「書くことそのものが目的になってしまう」ことが問題ならば、そうならないように工夫すればいいのである。

そこで**オススメなのが、書きながら読むこと。**

筆記法は視覚・触覚しか使わないが、声を

出して読めば、そこに聴覚の刺激が加わる。英単語などは発音も一緒に覚えられるので、一石二鳥だ。音読ができないようであっても、心の中で音読する意識は持てるだろう。

そして、**1単語を書き終えたら、そのたびに1拍おき、軽く見直しと意味の復習を行うこと**。こまめに単語と意味の結びつきを確認すれば、「書くことそのものが目的に」という事態も起こらないはずだ。

この二つの方法を取り入れれば、今まで20回書いてもまったく覚えられなかった単語が、4～5回書いただけで頭に入ってくるようになる。結果として、勉強時間の短縮にもつながる。

■「理解したつもり」の確認

数学などを勉強していると、参考書を読んで理解しただけで、その分野は完璧にマスターできたような気分になることがある。しかし、いざ問題演習となると、なかなか解けない……。筆記法は、理解したつもりの知識をチェックするためにも有効である。

例題で解き方の道筋などが解説されている場合には、それを読むだけで満足せず、なるべく**自分で鉛筆を持ってそれをノートに再現してみるようにしよう**。読むだけでは気づかなかった、「なぜここがこうなるのだろうか」というポイントが見えてくるはずだ。

■フォーマットをしみこませる

最後は、これまで紹介した二つのやり方の応用編。数学や社会の記述問題では、「ある決まった解き方の流れ＝フォーマット」を覚えてしまったほうが楽に解けるものがある。このフォーマットを覚える際にも、実際に自分でノートに書くやり方がとても効果的だ。フォーマット独特の言い回しや論理展開のポイントがどこにあるのかも理解できるし、そのポイントを手に覚えこませることができる。センター試験レベルまでの数学は「いかにフォーマットをうまく使えるか」の勝負であるといっても過言ではないため、数学が苦手だ、という人はまず書いて覚えることを意識してもらいたい。

繰り返しになるが、筆記法を取り入れるときに最も大切なのは「**自分が何のためにその作業をしているかを忘れないこと**」。骨折り損のくたびれもうけにだけはならないよう、くれぐれも注意してもらいたい。

記憶力を高めるためのその②

「何のために書くのか」を明確に！

私の合格体験記

『手はめんどうなので、指で』

Yさん（法学部3年・岐阜出身）

相当な面倒くさがりやを自認するYさん。しかし、それでも学校では常にトップクラスの成績を維持していた。怠惰な性格だからこそ「いかに楽に成績を上げるか」ということばかり考えていたという。

「たとえば、よく『手を動かしながら覚えなさい』って言われますよね。私も一理あると思います。手を動かすことで脳に刺激がいって、記憶が定着しやすくなるんでしょうね」

しかし、自分はそんな小学生でもできるようなことが、面倒で続けられなかった、とYさんは笑う。

「あ、この言葉を覚えなきゃ、って思ったときにいちいち紙と鉛筆を取り出すのは非常に面倒くさい。できる場所も限られますしね。だから自分は、鉛筆を握らずに、人差し指を動かして空中に文字を書くようにしていました。手軽ですが、それでもきっちり脳に刺激は届いていたみたいですよ」

なるほど、これならばストレスなく継続することができそうだ。また、実際に紙に書いて覚えようとしたときに起こりがちな、『覚えること』から『書くこと』への目的のシフトを防ぐことができる。単なる筆記マシーンと化してしまっては、何の暗記効果もないのだ。

「勉強してもなかなか成果が上がらない、という人は自分の勉強法を見直してみることが必要でしょう。受験勉強において大事なのは『努力を活かす努力をすること』ですから」

そんなYさんの言葉が印象的だった。

記憶力 3

その日の復習、その日のうちに

記憶のメカニズムを知ろう

効果 ★★★★★

手軽さ ★★★★★

「エビングハウスの忘却曲線」というものを知っているだろうか。心理学者であるエビングハウスは無意味な単語の羅列を作り、人がそれをどれくらい記憶に留めておけるかを実験した。それをグラフにまとめたのが、この忘却曲線である。

この忘却曲線によると、人は1時間後には覚えた単純な知識の56%を忘却し、1日後には74%を忘却し、1週間後には77%を忘却し、1ヶ月後には79%を忘却するという。つまり、**忘却は1日のあいだに急速に起こり、それ以後はごくゆるやかに進行するのである。**情報を仕入れて1日以内の過ごし方が、いかに大事かがおわかりいただけただろうか。

▪復習に適したタイミングとは

情報を記憶として定着させるためには、四つのタイミングで復習をするとよい。一つが、

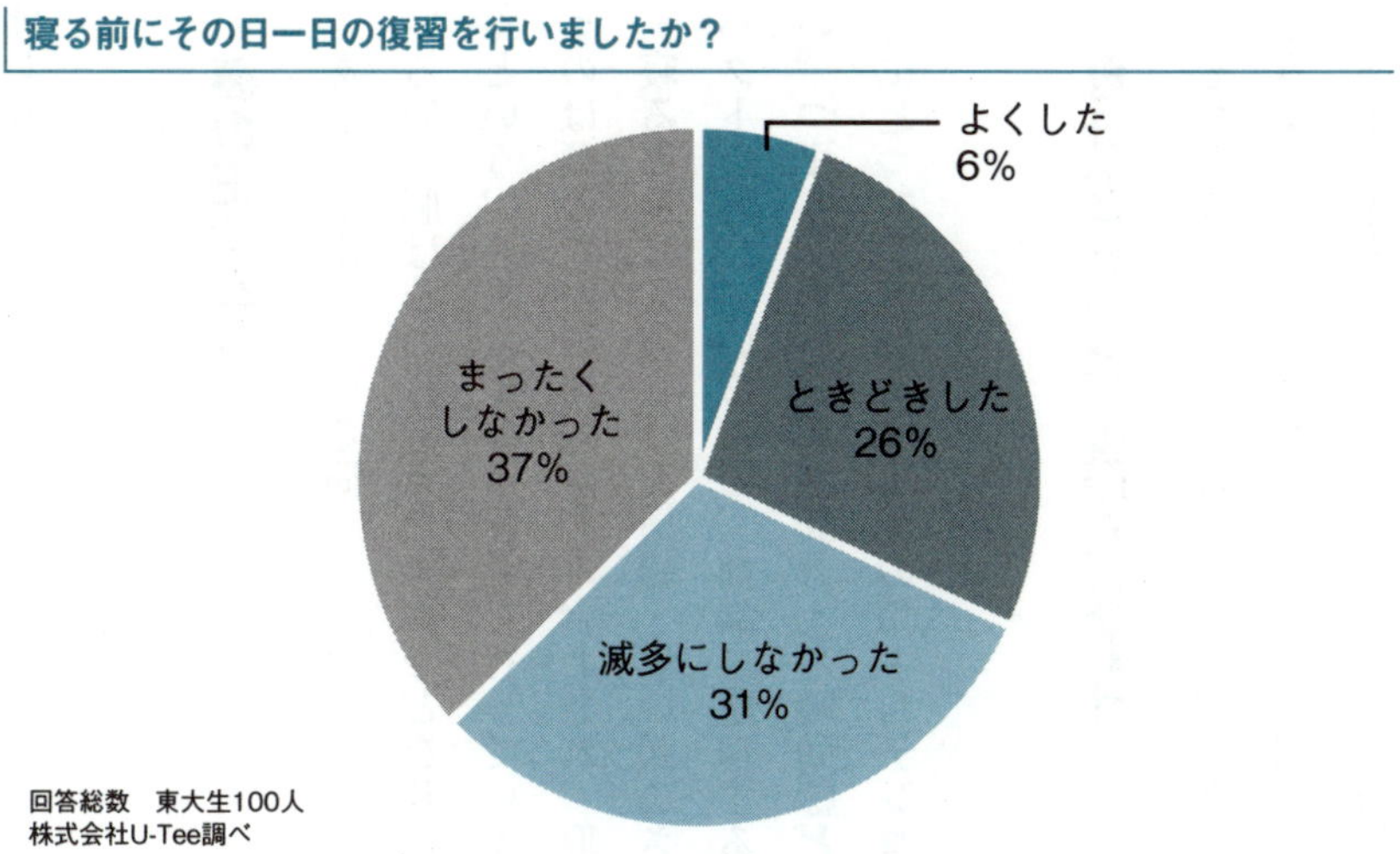
寝る前にその日一日の復習を行いましたか？
よくした
6%
ときどきした
26%
滅多にしなかった
31%
まったく
しなかった
37%
回答総数　東大生100人
株式会社U-Tee調べ

情報仕入れの1時間後。というと、高校の授業の1コマ程の時間に相当する。

休み時間の始まりの2分くらいを使って、その休み時間の二つ前の授業（2コマ目と3コマ目の間の休み時間ならば1コマ目の授業）の内容をザッと思い出してみよう。忘却するはずだった「56％」の情報の多くを頭のなかに留めておくことができる。

二つ目が、**情報仕入れの1日後**。しかし、情報を仕入れた1日後といえば、前の日と同じように問題を解いていたり授業を受けたりしている時間帯のはずである。新しいことを覚えたりするのに精一杯で、なかなか前日の復習に時間を割くことができないだろう。

そこでオススメなのが、夜寝る前にその日一日の復習をすることだ。ちょうど1日後というわけにはいかないだろうが、それを補って余りあるだけのメリットが、この時間帯にはある。

■夢の正体とは…

あなたが眠っているとき、あなたの脳も眠っているかというと、そんなことはない。眠っている間、脳はその日覚えた知識などを整理して頭のなかにある「記憶ＢＯＸ」に収納していくという、非常に重要な作業を行っているのだ。その証拠が夢。夢が支離滅裂になってしまうのは頭のなかの情報が組み合わされ、取捨選択&整理がなされているからである。

寝る直前に入力された情報・思い起こされた情報は、眠った後もしばらく脳に強烈なインパクトを残しているため、知識を整理するときにも優先的に「記憶ＢＯＸ」に整理されやすい。つまり、**寝る直前の30分〜1時間ほどは、「忘却のメカニズム」「記憶のメカニズム」双方にとって理想的な、復習のゴールデンタイムなのだ。**

■自分のことばで説明しなおせ

それでは、この「復習のゴールデンタイム」を活用するためにはどうすればいいかを考えてみよう。といっても、それほど特別なことをする必要はない。まず、その日一日勉強したノートや参考書をペラペラめくる。この作業は、目で文字を追ってみる程度のもので結構だ。

ある程度その作業を行ったら、次はそれらの資料を床におき、**自分の頭のなかでその日一日やったことを想起するようにしてみよう。**できれば、目の前の友人に説明をしているような気持ちになって、声を出して自分なりのことばで勉強内容を捉えなおしてほしい。（P.96記憶力①『声を出して覚えよう』、P.202生活力⑦『「教え」は人のためならず』参照）

■ 記憶のメンテナンスも忘れずに

さて、では残り二つの「復習に適したタイミング」をご紹介しよう。ずばり、**1週間後と1ヶ月後である。**この二つのタイミングでは、情報を記憶するというよりも、記憶した情報をいつでも思い出せるようにメンテナンスするという側面の方が強い。毎週末と月末に、ほんの数時間でいいので、これまでやってきた内容を復習する時間を設けてみてほしい。

受験勉強をしていると、どんどん新しいことをやっていきたくなるあまり、復習を疎かにしてしまいがちかもしれない。しかし、**学問は体系だ。**基礎をしっかりさせてこそ、応用問題や発展問題に取り組むことができるのである。

記憶力を高めるためのその③

夜寝る前が「復習のゴールデンタイム」

私の合格体験記

『布団に入ってからが勝負』

Kさん（工学部3年・東京出身）

工学科に所属しながら、分野外のプログラミングの習得にいそしみ、さらには小説にも深い造詣を持つKさん。多くの趣味と受験勉強を両立した秘訣は、一日の終わりの復習にあったという。

「夜寝る前に勉強したことは記憶に残りやすいというのは聞いたことがあったので、夜寝る前に、その日一日、というかこれまでの復習をするようにしていましたね」

具体的には、どのようなことをしていたのだろうか。

「受験勉強期には、毎晩寝る前に英語の文法を録音したカセットを聞いていました。これのおかげかはわかりませんが、文法はすんなり覚えられたし、英語自体の成績も悪くはなかったです。また、自分の苦手なところだけをA6サイズのノートにまとめていたので、それも気の向くままにパラパラめくっていました。このサイズのノートはどこにでも持ち歩けるのでオススメです。復習は、思い立ったときに、できるだけ広い範囲をやるのがコツだと思います」

苦手なところを何度も繰り返し学習することで間違いを減らす。新しいことを勉強するのに比べ、復習は時間もかからず気楽に取り組むことができるはずだ。

Kさんは言う。「夜寝る前、布団に入ってからのほんのわずかな時間でもいい。復習は積極的にしていくべきだと思います」。

記憶力 4

「暗記の定番」語呂あわせ

淡白な情報に華やかなイメージを加えろ

効果 ★★★★★

手軽さ ★★★★★

「1192つくろう鎌倉幕府」に「794ウグイス平安京」。日本人なら、一度はこのような語呂あわせを聞いたことがあるだろう。どことなく古臭く、低俗な印象がつきまとう語呂あわせではあるが、実はそのルーツは万葉集の時代までさかのぼることができる。まさに『日本の伝統文化』とも言える語呂あわせ。脈々と受け継がれてきた背景には、なにかしらの理由があるはずだ。

▪プラスαが頭に残る

東大生に対してアンケートを実施したところ、55%が語呂あわせを「よく使った」または「ときどき使った」と回答した。また、74%が語呂あわせは「大変有効である」または「有効である」と回答している。語呂あわせが受験生にとって、いかにお馴染みの手法であるか

語呂あわせを使いましたか?

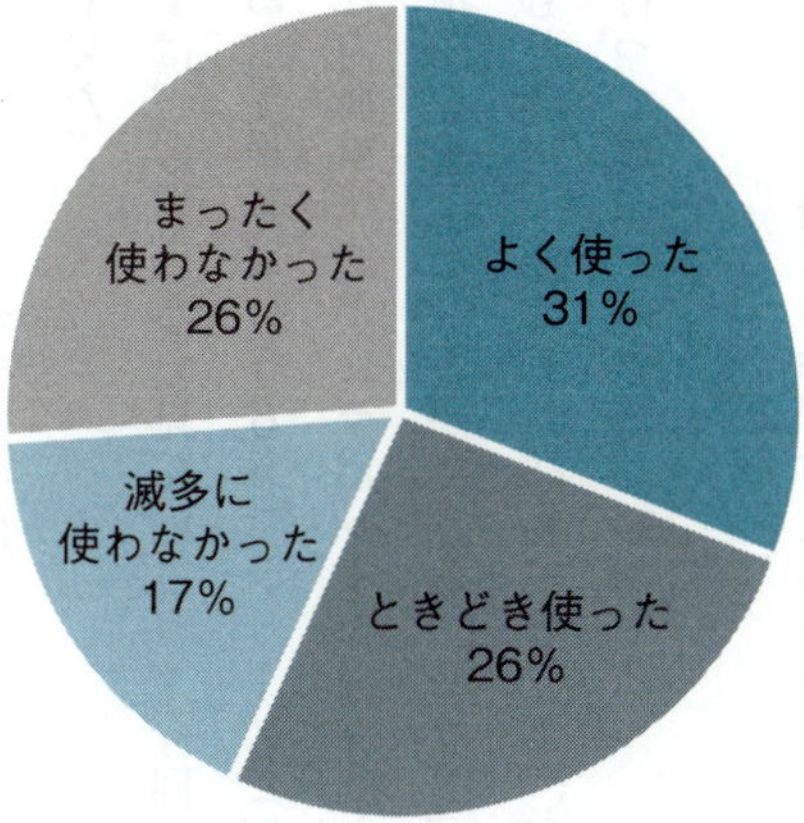
まったく
使わなかった
26%
よく使った
31%
滅多に
使わなかった
17%
ときどき使った
26%

回答総数　東大生100人
株式会社U-Tee調べ

が裏付けられた結果だ。そんな語呂あわせの魅力とはいったいなんなのだろう。

突然だが、テレビの通販番組で電話番号が紹介されている場面を頭に思い浮かべてみてほしい。そこでは、語呂あわせが実に多用されている。「117」を「いいな」と読ませるなどはその好例だろう。

ふつうの電話番号のような、無秩序な数字の配列を丸ごと覚えるのは非常に大変だ。しかし、語呂あわせを使うと実に楽に覚えることができる。これは、無秩序だった数字のなかに脳が一定の秩序を見出すからだ。**なにかしらのイメージと結びついた情報は、結びついていない情報の何倍も記憶に残りやすくなる**ことがわかってきている。語呂あわせは最先端の科学と結びついた、非常に高度な暗記法の一つなのだ。

■語呂はどこで手に入れる？

しかし、語呂あわせがどんなに効果的だしても、肝心の語呂を知らなければどうしようもない。先輩たちはどこから語呂ネタを仕入れていたのだろう。

アンケートで多かったのは、「参考書などで仕入れた」という意見と「自分で作った」という意見だ。

まずは、参考書から見ていこう。今回、東大生から圧倒的な指示を得ていたのが『ゴロで覚える古文単語ゴロ565』シリーズ（板野博行著、アルス工房出版部）だ。あの「ゴルゴ13」と古典単語帳がコラボレーションした怪作で、きわどい語呂とイラストを楽しみながら古典単語を覚えることができる。シリーズのなかにはCD付のものもあるので、耳を使った学習も可能だ。他にも「語呂で覚える○○」と銘打った参考書はたくさん出ているので、書店に行って調べてみてほしい。

では、次に語呂の作り方について考えてみたい。語呂を自作する、というととても大変な作業に聞こえるかもしれないが、実はそれほどでもない。たとえば、数を使った語呂あわせ。数字の読み方は、和語読み・漢語読み・英語読みの3つに大別できる。1の和語読みは「ひ・ひと・ぴ」であり、漢語読みは「い、いち、いー」、英語読みは「ワン、アイ」だ。0～10までの各数字はこのような3種類の読み方を持つ。紙面の都合上、そのすべてを紹介するわけにはいかないが、それほど難しい作業ではないので、一度それらをノートに書き出してみてもらいたい。このような一覧表を見ながらであれば、語呂を自作するのもそれほど大変ではないはずだ。

また、少数ではあるが「2ちゃんねる」など、インターネットのウェブページから語呂を集めた、という人もいる。もちろん、情報が正しいかどうかの裏取りは必要だが、非常に便利だし、見ているだけでも楽しいので、ぜひ一度、検索してみてもらいたい。

■語呂の意外な落とし穴

しかし、語呂にはデメリットもある。少し考えればわかることだが、**語呂あわせを使ったからといって、覚えなければいけないことが減るわけではない**。むしろ、情報量そのものはデータを丸暗記することに比べて増えているし、複雑になっている。すべてを語呂あわせで覚えようとしてパンクしてしまうのを防ぐためにも、「**語呂は要所要所でしか使わない**」というルールを心に留めておくといいだろう。

記憶力を高めるためのその④

語呂あわせはピンポイントで活用せよ

私の合格体験記

『自分色の語呂を生み出そう』

野中潔さん（工学部3年・東京出身）

暗記法に関する本の執筆経験もある野中さん。受験勉強に語呂あわせを取り入れる際も、そのほとんどを自作していたという。

「語呂合わせは世界史単語や英単語、特に英単語を覚えるときに使いましたね。おかげで、かなりの数の単語を覚えることができたと思います。語呂は、『ターゲット英単語』などに載っているような既成のものも使いはしましたが、ほとんど自作しました。やはり、自分の頭からひねり出した自分の色のついた語呂は、人から教わったものよりもはるかに記憶に残りやすいと思います」

しかし、語呂を自作するのは大変な作業。作成のコツのようなものはあったのだろうか。

「自分のやっているゲームに関するモノの名前やマンガの題名などからアイデアをもらって

いた気がします。たとえば『eminent』(著名な)という単語だったら「名の知れた絵見ねえと」といった感じです。これはマンガやゲームとはまったく関係ない例ですが(笑)」

それでもやはり、大変そうな作業であることに変わりはない気がするのですが。

「勉強も遊びだと思ってやっていたのでしょうね。よく勉強と遊びの切り替えができた方がいいということを聞きますが、自分にはその境目はあまりなかったような気がします。勉強だって遊びだし、遊びだって勉強です。そういうふうに考えれば、勉強を変に敵視することなく自然に向き合えるようになるのではないでしょうか」

記憶力 5

使うな危険？　蛍光マーカー

実は難しい　蛍光マーカーの使い方

効果　★★★★★

手軽さ　★★★★★

教科書やノートの重要なポイントに蛍光マーカー。おそらく、暗記のために使われるアイテムとしては最もポピュラーなものの一つではないだろうか。当然、東大生もよく使っていたのだろう、と思いきや、今回のアンケートでは少々意外な結果が出た。「よく使った」「ときどき使った」という人の割合が半分を下回ったのだ。これはどういうことだろう。

■やたらと使っても逆効果

それでは、アンケートに寄せられたコメントをもとに、蛍光マーカーを使うことの是非について考えてみたい。

どうやら、『反』蛍光マーカー派の言い分は三つに大別できる。一つは、「線引きをしただけで勉強したつもりになってしまい、満足してしまう」というものだ。確かに、蛍光マーカ

重要な部分を目立たせるために蛍光マーカーを使いましたか？

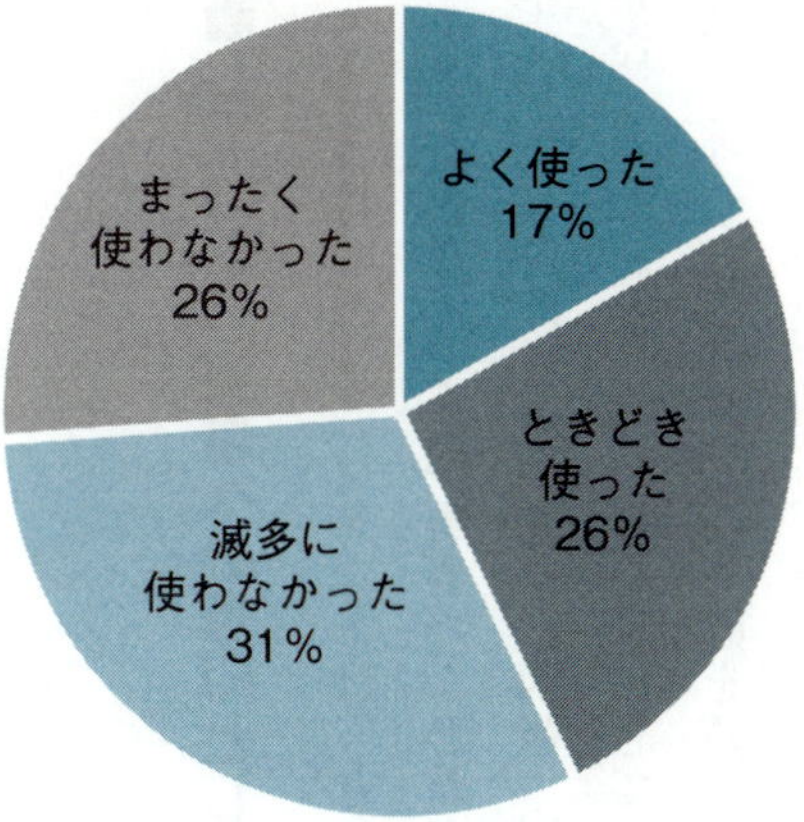
よく使った
17%
ときどき
使った
26%
滅多に
使わなかった
31%
まったく
使わなかった
26%

回答総数　東大生100人
株式会社U-Tee調べ

ーを持ちながら教科書を読んでいると、ただ黙読しているときに比べてなんとなく「勉強している感」が漂う。

しかし、である。そもそも、蛍光マーカーは線引きすることで記憶を促進する、というよりは、**復習するときのポイントが明確になるように用いるもの**。目的は線引きではなく、記憶することなのだ。当たり前のことではあるが、忘れてしまいがちなポイントなので、注意してほしい。

二つ目が「どうせ教科書に書いていることを全部覚えなければいけないんだから、蛍光マーカーなんて無意味、むしろ邪魔」というもの。

なるほど、と考え込んでしまうが、どうもうさんくさい。何度も繰り返すことになるが、ほとんどの大学では教科書の完全丸暗記などする必要はない。教科書の文章であっても、そこにこめられた情報量はさまざまだ。ということは、**重要な箇所にだけ的をしぼって勉強したほうが効率的なのはいうまでもない**。受験は、時間との戦いでもある。その教科に無限の時間をかけることができるのならば教科書丸暗記にチャレンジしてもいいだろう。しかし、たいていの受験生はそういうわけにはいかない。ここは潔く、一つの教科をパーフェクトにすることを諦め、全教科で8～9割の理解を達成することを目指してみるのがベターだ。

■定着していない要素への目印として

さて、三つ目の否定派コメントは「どこにマーカーを引けばよいかがわからず、引き過ぎてしまう。だから、どこが重要だかわからなくなってしまう」というものだ。確かに、線引きポイントを見分けるのは非常に困難。ついついマークし過ぎてしまい、カラフルなだけで、なにがなんだかわからない教科書にしてしまった人もいるはずだ。

では、どうすれば、そんな失敗を防ぐことができるのだろう。実は、たった一つのことを頭に入れておくだけでいい。それは、マーカーを「**二度目に読んだときに、わからなかったポイントにだけ引く**」ということ。

勉強が苦手な人の多くは、「テストで出そうな重要っぽいポイント」をマークしようとする。しかし、そんなポイントなんて、そもそも自分にある程度テストに関する知識がなければわかるはずもない。だからどこに線を引けばいいかわからなくなってしまうのだ。

その点、「二度目に読んだときに、わからなかったポイントにだけ引く」というルールならば、どこをマークすればいいかで迷う必要もないし、ついついマークし過ぎるという心配もない。（独自のルールを決めて、蛍光マーカーを使いこなした平塚さんの『合格体験記』も参考にしてほしい）

■「厄介もの」から「便利な復習ツール」へ

自分のわからないポイントをマークすると、次に読み返すときには、マークしたポイントを確認するだけでいい。たったこれだけ、必要最小限の努力しかしていないにも関わらず大きな成果を上げることができる。蛍光マーカーはこれほどに便利な復習ツールなのだ。

一般に、暗記モノが得意な人は「要領がいい」人であることが多い。どこをどう勉強すべきかを知っている人だ。蛍光ペンを使って、**適切なマークポイントを探すことは、この要領のよさを身につけるためのトレーニングにもなる**。手軽であるだけに、オススメ度も高い。

記憶力を高めるためのその⑤

ルールを決めてマークせよ！

私の合格体験記

『ルールを決め、色を使いこなす』

平塚雄輝さん（経済学部3年・東京出身）

はじめに、平塚さんの教科書を見せてもらった。ピンク、緑、オレンジと、蛍光カラーが教科書の7割近くを埋め尽くしている様は圧巻。まさに蛍光ペンの鬼。この色使いには何かルールがあるのだろうか。

「教科によって違いはあるのですが、たとえば、社会だったら重要単語は黄色、時代背景の説明などはオレンジ。とくに重要なことについては緑でマークしたりして、色に属性を持たせるようにしていましたね」

確かに、この方法なら「今日は単語の勉強をしよう」と思ったときには、黄色のマークにだけサッと目を通せばいい。教科書を単語帳としても、また要点ノートとしても使うことができるのだ。

「やっぱり、ただ教科書を読んでいるだけでは眠くなってしまいますから。手を動かしながら読んだほうが眠くならないし、大事なポイントを探そうという意識が働くので集中できる。そういう意味でも、蛍光ペンはオススメですね」

蛍光ペンを使いすぎると、教科書が読みづらくなるという問題に対しては、もう一冊新しい教科書を準備することで対処していたという。

一年間の受験期間のなかで、平塚さんが潰した蛍光ペンの数は約60本。それが収められた2ℓのペットボトル容器はいっぱいになってしまった。平塚さんは笑いながら言う。

「ちょっと勉強に疲れたときとか、不安になったときとかに、この蛍光ペンの山に励まされるんです。俺はこれだけ頑張ったんだ、大丈夫だ、って」

とはいえ、平塚さんのような蛍光マーカーの使い分けは「要領のよさ」を身につけた上級者だからできること。まずは、一色マークでトレーニングを積んでからのほうがいいのかもしれない。

記憶力

⑥ 必要な情報を一元化せよ

自分の、自分による、自分のための参考書の作り方

効果 ★★★★★

手軽さ ★★★★★

教科書、ノート、参考書・問題集、資料集など、勉強するときには、たくさんの道具を使う。これらでカバンがパンパンになっている、という人も多いだろう。しかし、もしかしたらその苦労は不必要な苦労なのかもしれない。ここでは、情報を一元化することの是非について考えてみたい。

■「最高の一冊」を作り出せ

結論から言おう。**効率的な勉強がしたいのならば、必要な知識は一冊にまとめるべきだ。**たとえば、教科書なら教科書に、その他の参考書・資料集などに載っていた必要情報を書き加えていくということ。この方法を実行した東大生は実に63%。学校ぐるみで取り組んでいる有名進学校もあることからも、その効果の高さがうかがえる。

一冊の教科書・参考書に情報を一元化しましたか？

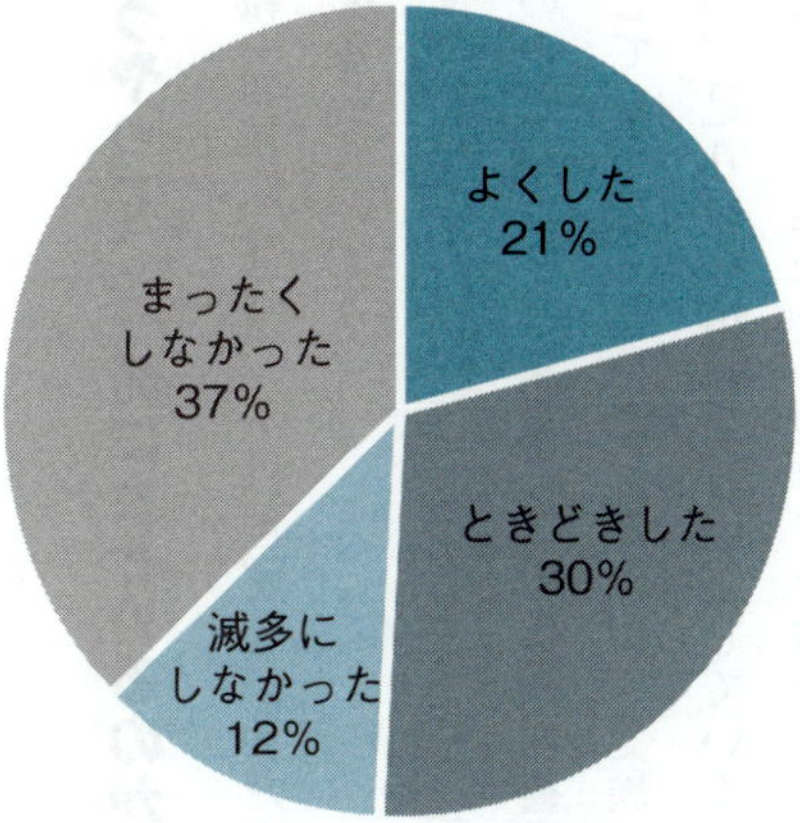
よくした
21%
ときどきした
30%
滅多に
しなかった
12%
まったく
しなかった
37%

回答総数　東大生100人
株式会社U-Tee調べ

■なぜ、一冊にまとめるのか

情報を一元化することには、三つのメリットがある。

一つが、**いつでもどこでも勉強できるようになる**ということ。

かさばることが少なくなるので、ちょっと外出するときにも気軽にカバンに「最高の一冊」を忍ばせて行けるし、混んでいる電車のなかでも質の高い勉強をすることができる。

二つ目が、**「つながり」で覚えることができる**ということ。今まであっちこっちに分散していた情報を一冊にまとめることができれば、情報と情報の「つながり」を意識することも可能になる。いくつかの情報をまとめて一つのトピックとして覚えることができるため、脳にとって非常にやさしい記憶の仕方だと言えるだろう。

そして、意外と見落としがちなのが第三のメリットである「安心感」。**「この一冊だけを覚えれば大丈夫なんだ!」という安心感**は、ナイーブな受験生にとって大きな心の支えになってくれる。使い込んだ一冊は、受験本番のときの最高のお守りになるだろう。

■どうやって、一冊にまとめるのか

情報一元化のメリットは理解していただけただろうか。次は、具体的にどう実践すればいいかを考えていこう。

まず、「最高の一冊」のベースは何にすべきだろう。もちろん、自分の好きなものを使えばいいのだが、**ひとまずここでは教科書を推薦しておきたい**。書き込みのできるスペースはどうしても小さくなってしまうが、受験に必要な情報のほとんどがあらかじめ記載されているため、足りない情報を付け足していく作業が圧倒的に楽なのだ。

次に、書き込むときのコツを考えてみよう。作業をするときに一番大切なのが「**一度にすべてを書き込もうとしないこと**」。完璧主義の人はついつい始めからぎっしり、まとまった文章を書き込んでしまう。それで結局、三日坊主に終わる。また、後から書き込みたいことが出てきても、すでにスペースは余っていないので諦めざるをえず、非常にもったいない。

続けるためには、「メモ書き程度でいいんだ。自分がわかればいいんだし」という、いい意味でのおおらかさが必要だろう。

このとき、書き込む情報は、必ずしもカタいものでなくてもいい。授業中に先生が漏らした、「織田信長と豊臣秀吉は、実はデキていたかもしれない」などという、ちょっとした面白トリビアなども忘れずにメモしておこう。それが本当かどうかはそれほど重要ではない。トリビアと結びついた項目は、頭に残りやすいのだ（P.114記憶力④『「暗記の定番」語呂あわせ』を参照）。

情報源を明らかにすることも重要。4色ボールペンを持ち歩き、ノートからの情報は青、参考書からの情報は赤、人から聞いた情報は緑など、**「それがどこから得た情報なのか」が一目でわかるようにしておこう。**書き込みの意味がわからなくなったときや、それについて詳しく知りたくなったとき、すぐに元の情報に当たることができるようになるからだ。

いろいろと述べてきたが、あくまでこれは情報一元化の一つのやり方に過ぎない。どうしたらわかりやすくなるのだろう、と工夫をこらし、「自分の、自分による、自分のための最高の参考書」を作り上げていってもらいたい。

記憶力を高めるためのその⑥

教科書に色ペンで書き込め！

私の合格体験記

『めんどうだからこそ』

小原徹也さん（経済学部3年・千葉出身）

「覚えるべき情報はなるべく一元化するようにしてました」と話すのは、受験期に奇跡の追い上げをみせて東大合格を果たした小原さん。各教科につき一冊、教科書やよくまとまった参考書を選び、そこに補足事項・エピソードを書きこんだり、わからなかったところをマーカーで目立たせたりしたという。

「結局、めんどくさがり屋なんですよね（笑）。普段、何冊も本やノートを持ち歩いたりするのがイヤ。情報を一冊にまとめておけば、持ち歩くのも楽だし、電車のなかなど外出先で勉強しやすくなります。その一冊だけ覚えれば大丈夫だ、っていう安心感にもつながりますし。受験直前の自分にとっては、なによりのお守りになってくれましたね」

情報一元化のポイントは、この「手軽さ」にあるのかもしれない。『まとめノート』を自分で作るよりも格段に楽だし、時間がかからない。だから続けられる、効果があがる。どんなに立派な勉強法でも、三日坊主に終わってしまっては全く意味がないのだから。

実は、この情報一元化の効果は大学でも実証済み。とくに法学部の学生には、『ポケット六法』の余白に補足事項を書き込み、自分だけの参考書を作り上げている人も多いという。

どういうことを書けばいいのかわからないという方は、まずは簡単なトリビアから始めてもいいだろう。『紫式部と清少納言はドロドロの中傷合戦を繰りひろげた』なんて、エピソード満載の教科書ならば、勉強も少しは楽しくなるはずだ。

記憶力 7

同じ問題集を繰り返し解く

まずは「一冊マスター」の称号を

効果
★★★★★

手軽さ
★★★★★

本屋に行くたびに、いろいろな問題集を目にし、ついつい買ってしまう。ところが、結局少し使っただけで終わり、また別の問題集を買っての繰り返し。そうやって、使わなかった問題集・参考書をひたすら貯めているだけの人も多いのではないのだろうか。本項では、そんな受験生に警鐘をならしてみたい。

■解法のパターンを身に着けろ

まずは、東大生アンケートの結果を見てみよう。「同じ問題集を繰り返し解いた」という学生は80％。「一度問題を解いただけでは覚えられない。良問の揃った問題集を何周もすべし」といった声が多い。どうやら、『受験のセミプロ』東大生は量よりも質を重視して勉強してきたようである。

同じ問題集を繰り返し解きましたか？

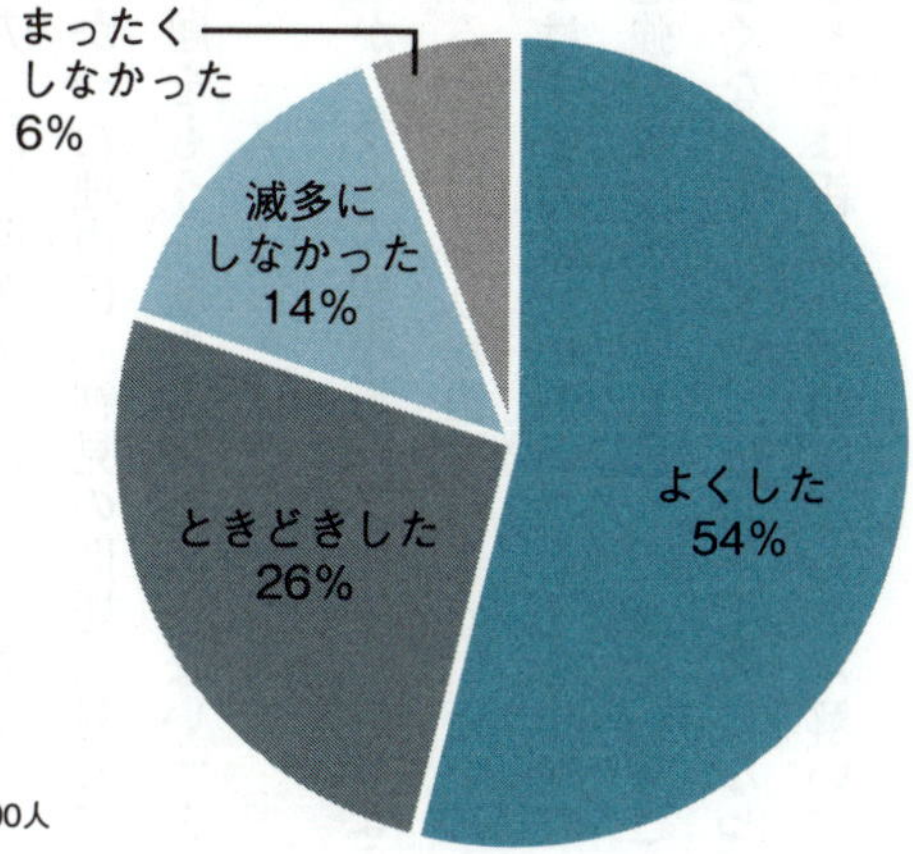
まったく
しなかった
6%
滅多に
しなかった
14%
ときどきした
26%
よくした
54%

回答総数　東大生100人
株式会社U-Tee調べ

それでは、問題集を繰り返し解くことによるメリットを考えてみよう。

一つは、知識として定着しやすいということ。入試では「単なる暗記ではなく『考える力』や『思考力』が大切」だとよく言われる。だが、**思考力が問われるという問題であっても、あくまで習ったことの組み合わせでしかない。**

その習った知識を確実に使えるようにするために、解答を知識として身に着ける必要があるのだ。特に、一回しか問題集をやっていないと、たまたま解けた問題や、解いたけれどもやり直していない、というところを取りこぼすことにつながりやすい。

次に、**何度も解くと記述に必要な語句や決まり文句が覚えられる**という点だ。たとえば、数学における二次関数の場合分け問題や、数学的帰納法などを用いる問題では、それぞれの分野で独特な解法の論証パターンを用いるため、論理的な解答の書き方をマスターするには訓練が必要となる。全く同じ問題でも、問題集が変わると、微妙に解答の書き方が変わってくることがあるため、一冊を繰り返したほうが無難だと言えるのだ。

一方で同じ問題集ではなく、さまざまな問題集に手を出した学生は20%。同じ問題集を解かなかった理由は「初見の問題に対してもすぐ反応できるようにするため」。「どうしても同じ問題をもう一度やる気が起きない」という、飽きに対する指摘もあった。

だが、多くの問題集に手を出してしまうことによる弊害も大きい。最も大きい弊害が、「勉強する分野に偏りが出てしまう」ということ。一冊を通しでやればある程度の範囲は網羅できるはずなのに、いろいろと手を出すことで不必要に分野が被ってしまったり、重要な部分の勉強が抜け落ちてしまったりということがある。アンケートでは「やたらと原人の名前に詳しくなってしまい、近世が手薄になってしまった」という失敗が聞かれた（ただし、現代文などでは新しい問題をどんどん解いていったほうが効果的な場合もある）。

とにかく全部解いてみる

それでは、同じ問題集を繰り返す際に注意すべきことは何か。

まずは、**あらゆる分野を取り入れている良問が揃った問題集を選ぶこと**。良問とは、一つの問題に対し、さまざまな視点が取り入れられている問題のこと。解説が詳しく、別解も付いているものをやれば、解法を読むだけでもそれなりに力がつく。

また、繰り返しを意識して問題を解くこと。1章終えるごとにその章の解き直しをするというのではなく、とにかく一度全部解いてみる。また、1周目は前からでも、2周目は後ろから、というように、偏らない回し方をしてみてもいいだろう。

あとは、**できなかった問題を中心に、時間をかけるということ**。ノーヒントで解けた問題を解き直す必要があるかに関しては意見が分かれたが、ここでは「一度解けただけでは、本当に身に着いているかどうかはわからない」という意見を採用する。一度解けた場合でも、時間が経ってからもう一度解いて、その際に反射的に解法が出てくるかどうかを確かめよう。**ノーヒントで2、3回解けるようになれば、その問題は次からやらなくていい**。

記憶力を高めるためのその⑦

一冊をマスターすることから始めよう

もちろん、入試で全く同じ問題が出ることはほとんどない。いろいろな問題集を解くなかで、同じような問題でも違った視点から眺められるようになるかもしれない。だが、それはあくまで基礎となる知識があってこそ。まずは一冊の問題集を完璧にしよう。

私の合格体験記

『問題集選びは慎重に』

本庄徹さん（教養学部2年・宮城出身）

さて、では一冊の問題集をひたすらやりこんだ、と話す本庄さんにお話を伺ってみよう。

「自分が文系だからかもしれませんが、全科目各勉強内容ごとに、『これだけは完璧にマスターするぞ』という問題集や参考書を一冊決めて、ひたすらそれをやりこんでました。何%ぐらいにマスターできたか？　たぶん95%くらいじゃないでしょうか」

問題集の1周目は普通に解き、2周目からはわからなかった問題の横に印をつけていったとのこと。3周目には印のある問題だけを解き、そのときにもわからなかった問題にはさらに印を追加する。最終的には、ほぼすべての教科で『正』の字が書き終わると同時、つまり6周目が終了した時点で、問題集の内容をほぼすべてマスターすることができたらしい。

「やっぱり、勉強はできないところ、覚えていないところを潰していってナンボだと思います。自分の場合は1回やり直したぐらいじゃ、ぜんぜん覚えられないので、何回も同じ問題を繰り返していたわけです」

そうして使い込んだ問題集たちは、いつしか本庄さんの『相棒』のような存在となり、東大入試本番にも持ってきていたという。

「『相棒』を選ぶ際は、背伸びをして無駄にレベルの高いものを買わないこと。僕が使っていた英単語帳は１６００ワードくらいしか載ってない、大学入試のレベルとしては標準的なものでした。でもそれを一冊、すみからすみまでマスターすれば、東大の英語にだって手が届くんです」

特に難関私立大学の受験生をターゲットにした問題集には、重箱の隅をつっつくような瑣末な事項を問う問題などもあり、そのようなものまで完璧にマスターしようとするのはかえって効率が悪いのかもしれない。『相棒』は志望校の受験形態にあわせ、慎重に選んでもらいたい。

記憶力

8 メモリーツリーとは何か？

「脳にやさしい」勉強法をマスターせよ

効果
★★★★★

手軽さ
★★★★★

漫画『ドラゴン桜』ではさまざまな勉強法が紹介されたが、最も耳目を集めたものの一つが「メモリーツリー」だ。メモリーツリーは、学問にとどまらず、ビジネスの世界でも幅広く用いられている手法でもある。メモリーツリーでは、まとめたい事柄のキーワード（もしくは絵）を書き、そこからキーワードや絵を枝状に繋げていくことで、図を展開していく。この方法によって複雑な事柄でも、キーワードを関連付けながら、端的に表現することができ、理解力も深まると言われているのである。

それでは、メモリーツリーはどのような利点があるかを見ていこう。まずは、**情報が脳に定着しやすい**ということがあげられる。脳が記憶を行う際には、物事を関連付けて覚えているとされているが、メモリーツリーはその記憶の仕方に近い形になっている。

そのため、箇条書きや文章を暗記するのに比べて脳に情報が入りやすい。また色や立体の

受験勉強の際に、暗記のためにメモリーツリーを利用しましたか？

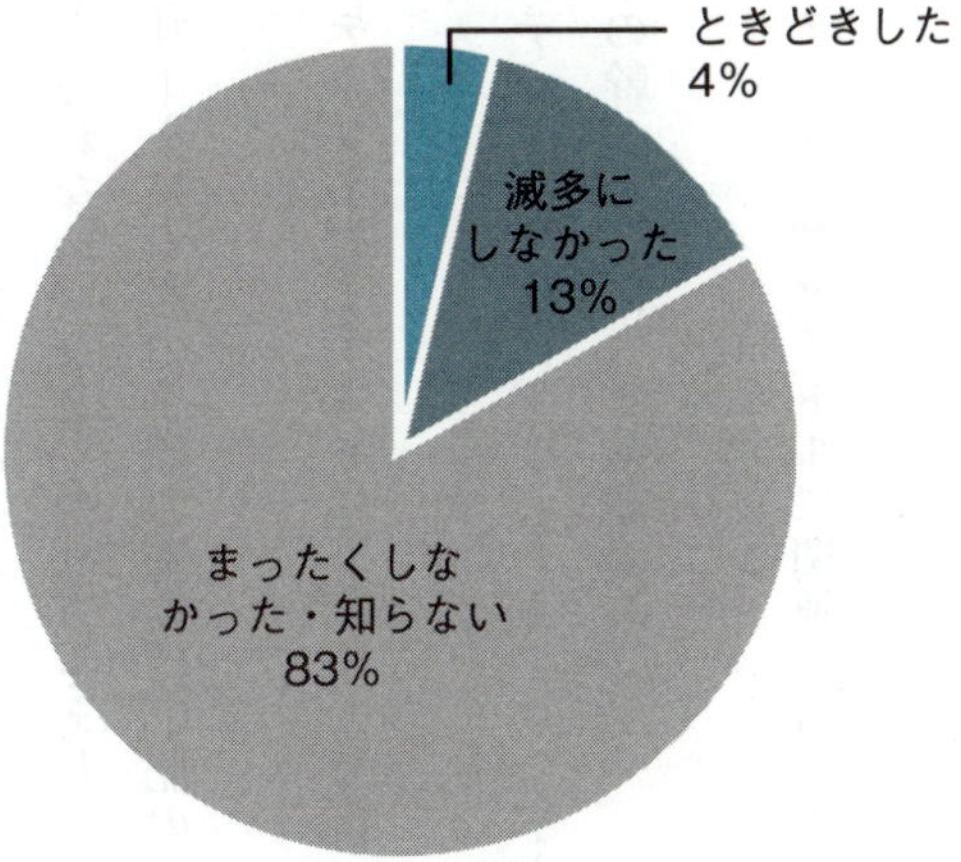
ときどきした
4%
滅多に
しなかった
13%
まったくしな
かった・知らない
83%

回答総数　東大生100人
株式会社U-Tee調べ

イメージを使って視覚を刺激するので、単色で単調な直線形のノートに並べられた情報よりも、脳に記憶されやすい。一つ一つの言葉だけでなく、図全体を一つの絵としてとらえることができるので、右脳を最大限に生かした記憶することもでき、さらにキーワード同士をつなげて覚えることで、記憶再生能力を高めることも期待できるという。

また、**短時間で作業できる**と言う点も長所のひとつだ。図を作る際には、互いに関連したキーワードとそれに関係する絵や図だけを描けばよい。キーワードが目に付きやすく、しかもキーワードとキーワードのつながりをはっきりさせることができるため、わざわざ文章で説明する必要がなく、その分の手間を省くことができるのだ。

■「強調」と「関連付け」を重視せよ

このような効力を持つメモリーツリーが有効だとは思うかという問いに対しては、53％の支持が得られている。だが、実際に行っていたのは17％と極めて少数派。「有効だとは思ったが、やり方を覚えるのがめんどくさそうだった」「やり方を教えてくれる人がいればできたかもしれない」など、やり方さえわかれば挑戦しようという意見が多くみられる。メモリーツリーを描く際の手順の基本は下記の通りだ。

【ステップ1】まずメモリーツリーで扱いたい事柄・キーワードを書く。

【ステップ2】次に、中心のキーワードから放射状に線を延ばしていく。中心から延ばす線は木の幹のように太く強調する。

【ステップ3】タイトルに関連するキーワードを連想し、線の上に単語を書いていく。

【ステップ4】キーワードが一通り書けたら、キーワードからさらに放射状に線を延ばして、線の上に連想するキーワードを書いていく。

【ステップ5】これを繰り返しながら、空いているスペースを使って、関連する絵や図を書き足していく。

この際に、重視することが「強調」と「関連付け」。キーワードとキーワードを結ぶ線は、太さや色で強弱をつけて、一目で重要度がわかるようにしておくと、メリハリがついてわかりやすい。また、それぞれの線には、どのような関係か（たとえば「原因」「結果」「他国への影響」など）を一言添えておくと、復習しやすくなる。

記憶力を高めるためのその⑧

キーワードとキーワードを結びつけろ！

私の合格体験記

『1170分の講義をA3用紙1枚に』

Aさん（文学部4年・静岡出身）

にぎやかで、楽しげな絵のようなもの。私の前にある「絵」のようなものはメモリーツリー暦3年、Aさんの作品である。

メモリーツリーを使えば、小難しい大学の講義の内容（90分×13回分）の情報を、なんとA3用紙1枚にまとめることも可能だとAさんは話す。この技術、受験勉強に応用することは可能なのだろうか。

「もちろん可能だと思います。たとえば、英語や社会で習った単元を、メモリーツリーを使って整理してみる。すると、これまで気づかなかった単元と単元のつながりも見えてきます。ちょっとした時間に見直すこともできるので、復習にもぴったりだと思いますよ」

しかも、メモリーツリーの利点はこれだけではないのだ。

「メモリーツリーの特徴は応用範囲が広いことです。たとえば、論述式の問題や小論文を書く際に、メモリーツリーを使えば書くべき内容を事前に整理することができます。勉強計画をたてたり、新しいことを始めようとしたときにも便利です。学生のときに書き方を身に着けておけば、将来的にも役立つと思いますよ」現在、Aさんはメモリーツリーを活用して、中学の参考書を執筆中だ。

「確かに、人によって合う合わないがあると思います。でも、私は好きですね。とてもお世話になっていますよ」

アンケートでは、否定的な意見が目立ったメモリーツリー。しかし、まずは騙されたと思って一度試してみるべきではないだろうか。もしかしたら、あなたの人生が変わるかもしれない。

記憶力

9 まとめノートは非効率？

「ピンポイントまとめ」を意識せよ

効果 ★★★★★

手軽さ ★★★★★

まとめノートとは、自分で教科の要点をまとめなおしたノートのこと。いろいろとメリットはあるものの、いかんせん作るのに時間と手間がかかる。今回の東大生アンケートでも、ほとんどの人が「（まとめノートを）作らなかった」と回答していたが、その一方でマイノリティながらも、まとめノートの効用を熱く語る意見も目立つ。本項では、そんなマイノリティから、『受験で使える』まとめノート作成術を学んでいきたい。

■まとめノートの悲劇

まとめノートを作るデメリットは、効果のわりに圧倒的に手間と時間がかかること。教科書一冊をまとめるのにいったい何十時間かかるのだろうか。しかも、まとめたからといって、それでそのトピックを完璧に覚えられるわけではない。自分がまとめたノートを使って、さ

まとめノートを作りましたか？

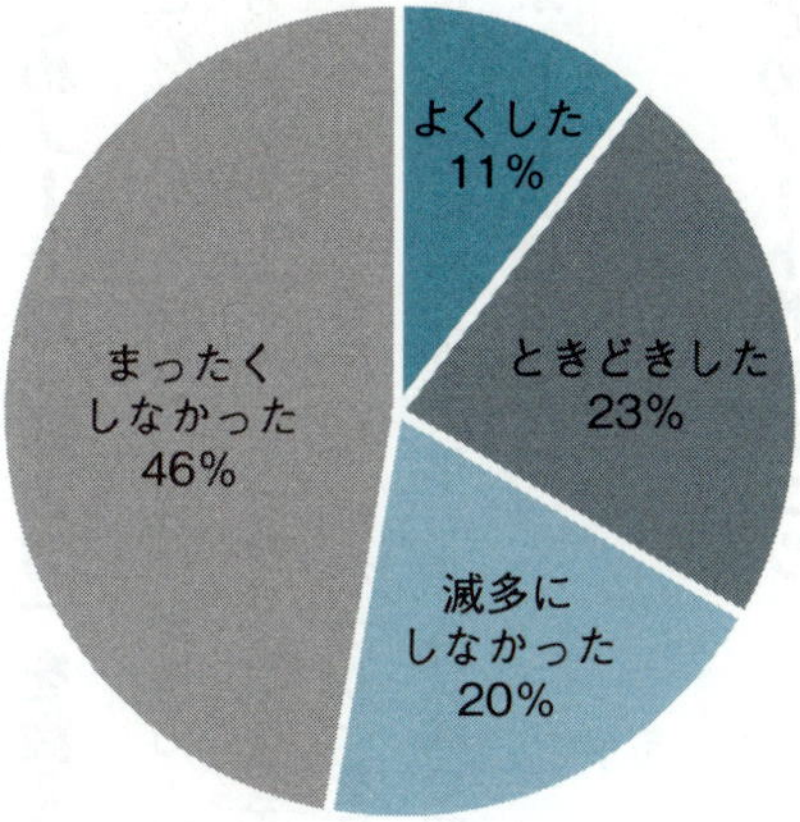
よくした
11%
ときどきした
23%
滅多に
しなかった
20%
まったく
しなかった
46%

回答総数　東大生100人
株式会社U-Tee調べ

らに「記憶」という作業をしなければならないのだから。

こうしてみると、信じられないくらいにコストパフォーマンスが悪い。

したがって、大半の人はまとめノートを作ろうとしても挫折してしまうし、1教科すべてをまとめきったつわものであっても、十分に覚える時間がとれず、結局中途半端な知識のまま受験にのぞむことになってしまうのだ。

「手段」と「目的」が入れ替わってしまったゆえの悲劇であるといえるだろう。

■ 完璧を目指さない

しかし、「それならば、まとめノートを作るのはやめよう！」と考えるのは早計。

何のために、まとめノートを作るのかを改めて考えてみてほしい。その一番の理由は、

「頭のなかで未整理なトピックを整理し、覚えやすくするため」であるはずだ。

ならば、その原点に戻ればいい。**まるまる一冊をまとめようとするのではなく、「頭のなかで未整理なトピック」だけを選んで、それと関係ある事柄だけをまとめなおすのだ。**

まとめノートは「総合力」を鍛える

まとめノートを作ることは、理解力・記憶力・表現力をつける絶好の機会である。まず、理解力。教科書を読み、自分なりに要点をまとめなければいけないのだから、言わずもがなだ。また、項目と項目の「つながり」を見つける作業でもあるため、暗記もしやすくなる。さらに、おもに国公立大学の2次試験で問われることの多い表現力を養成するために、これ以上ふさわしい機会はない。

まとめノート作成のコツ

それでは、効率よくまとめノートを作成するための四つのステップを紹介しよう。

【ステップ1】問題設定

まとめ作業に入る前に、**自分が何を理解できていないのかを整理して、設問のカタチにしてみよう**。たとえば「荘園制度は時代とともにどう変遷していったのか」といった感じ。漠然と教科書の順番どおりにまとめるよりも、よほど実用的な知識を手に入れることができる。

【ステップ2】 メモリーツリーの作成

社会科目でまとめノートを作るときには、まず記憶力⑧で紹介した**メモリーツリーを使って関連キーワードを整理したほうがいい**。記述作業の途中で混乱することを防げるし、記憶も定着しやすくなる。

【ステップ3】 記述

ステップ1・ステップ2をもとに、設問に答える形式で記述していく。このとき、単に教科書のことばを切り貼りするのではなく、**なるべく自分のことばで表現しなおすよう意識しよう**。受験の記述問題で問われるのは、物事をわかりやすく簡潔に説明する能力なのだ。

【ステップ4】 見直す

まとめノートを作っただけで満足してしまってはもったいない。**きちんと見直し・記憶を行ってこそ、まとめノートはその真価を発揮する**。

まとめノートは、あくまで受験に合格するための「手段」に過ぎない。しかし、きちんと使いこなすことができれば、とても役に立つ「手段」なのだ。

記憶力を高めるためのその⑨

テーマを決めて総合力を養え!

私の合格体験記

『自分にあった、自分色のノートを』

平塚雄輝さん（経済学部3年・東京出身）

それでは、実際にまとめノートを使って勉強していたという平塚さんに話を聞いてみよう。

「まとめノートを作った科目は古典と社会。古典では単語や文法をまとめて整理していました。また、社会では少子化問題や環境問題など、テーマごとにまとめるようにしてましたね。やみくもに、教科書の最初からやっていったわけではないです」

平塚さんの日本史のノートを見せてもらった。「経済史」というテーマのもとに、まず概略図を書き、その下に文章としてまとめている。偶然にも、本書オススメのやり方と平塚さんのやり方はピタリと一致していたようだ。

また「時代感覚マスター」という、重要項目を時代ごとに集めた特集ページも自作するなど、平塚さんが楽しみながらノートづくりに励んでいた様子が伝わってくる。ちなみに、どんなテーマにするかは、過去問や模試を解き、解説を見ながら考えていったという。

「正直、時間はけっこうかかりました。受験勉強の三分の一はまとめノート作成に使ったと思います。ただ、ノートを作りながら覚えてもいけるし、テスト前もノートを見返すだけでいいので、大変さに見合うだけの価値はあったかな、と思います」

急がば回れ、といったところだろうか。

「僕の場合は、東大の二次（東大は二次試験は論述形式）を想定しての勉強でした。センター試験のような択一試験の場合も、まとめノートが有効かどうかはわからないんです。ひたすら一問一答をやったほうがいいかもしれないし。ただ、教科書や参考書は余計な情報があったりして、使いにくい部分があったので。僕の場合、自分にあった自分色のノートが欲しかったんです」

記憶力 10

暗記カードなんていらない？

受験「だけ」には向かない暗記カード

効果 ★★★★★

手軽さ ★★★★★

文房具屋に行くと必ず見かける暗記カード。しかしながら、実際に使っているという人はあまり見かけない不思議なグッズでもある。はたして、暗記カードは有効なのだろうか？

■「費用」対「効果」で考えてみると……

今回実施したアンケートでは、暗記カードを作って暗記に役立てたことがある人の割合は23％であり、一方で暗記カードを全く作らなかった人の割合は57％であった。また、回答に目を通すと、「作っただけで満足してしまう」「作るのが面倒臭くなって長続きしなかった」といったような「手間がかかる割に効果が薄い」といった内容のものが多く見られる。どうやら東大生の間ではあまり暗記カードの評判は良くないようだ。

それでは、他の学習法と比べて暗記カードの評判がなぜ低いのか、ちょっと考えてみよう。

カードをつくって暗記に役立てようとしましたか？

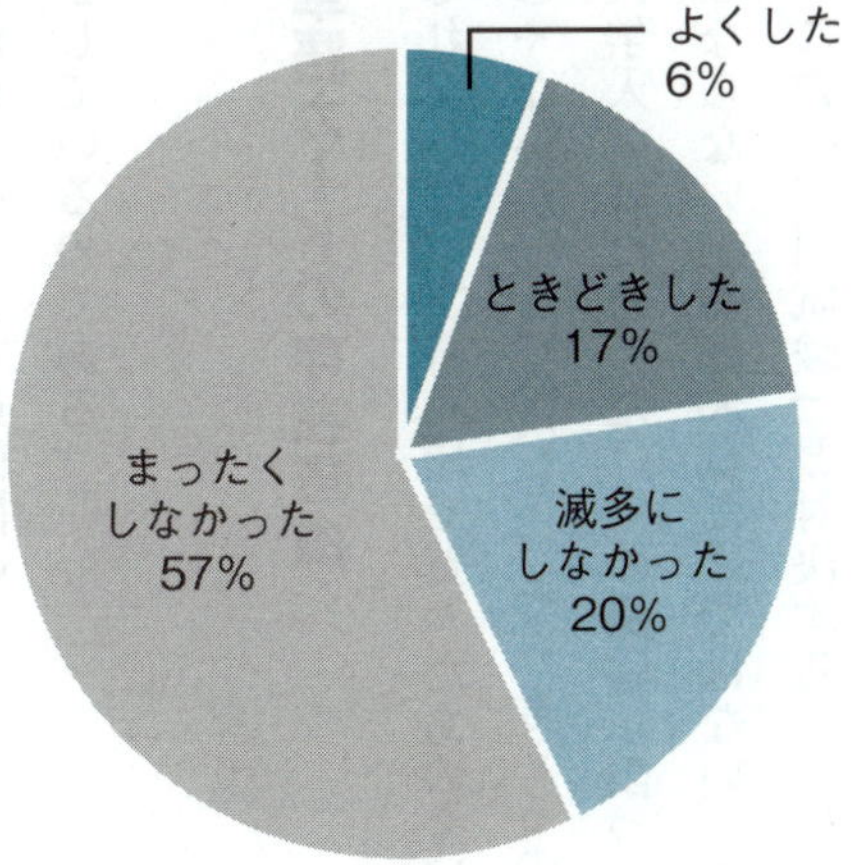
よくした
6%
ときどきした
17%
滅多に
しなかった
20%
まったく
しなかった
57%

回答総数　東大生100人
株式会社U-Tee調べ

もしかしたら、その向こうに効率的な学習法のヒントが隠れているのかもしれない。

■手間ばかりかかるのに

なぜ暗記カードが支持されないのだろうか。それはアンケートの回答者の多くが「大学入試」を念頭に置いているからだと考えられる。結論から言うと、**大学入試のため「だけ」の勉強には、暗記カードは向かない**。

英語を例に考えてみよう。市販されている標準的な英単語帳に収録されている単語数はおよそ1600語。多いものになると4000語を超える。それに加えて大学入試を突破するためには、数々の文法事項や構文、1000フレーズ程のイディオムもマスターしなければならない。さらに、一部の大学を受験する人たちにはリスニング能力も要求される。暗記とは一見無縁に思えるリスニング能力でさえ、語彙力がなければ向上は望めない。大学入試で問われる程度の英語でも、これだけ膨大な量の暗記が必要になる。これだけの情報を網羅した暗記カードを一から自作するとしたら……。考えただけでも気が遠くなってくる。市販の単語帳や参考書を利用したほうがよっぽど効率がいい。

だからこそ、日本最難関の大学の一つ、東京大学の学生の間で暗記カードは肩身の狭い思いをしているのである。

単語カードの存在理由

「それならば、文房具屋で買ったあの金属のワッカで短冊みたいなカードなんて全くいらないじゃないか」。いやいや、そう考えるのはちょっと早い。なぜなら、今までの話はあくまで大学入試のため「だけ」の勉強に限った話だからだ。もちろん、高校生が立ち向かわなければならない試験は入試だけではない。**大学入試の前には「定期試験」が立ちはだかっている**。この「定期試験」と対決するときにこそ、暗記カードが真価を発揮する。

高校3年間で学ぶことのほぼすべてが問われる大学入試とは異なり、定期試験は試験範囲が非常に狭く、授業内容と密接した切り口から問題が出される。したがって、定期試験対策になら単語カードを自作してもそれほど手間はかからない。むしろ、**覚えなければいけない**

ポイントが整理できる、いつでもどこでも勉強できるようになるというとても便利なツールになるのである。

■ 定期試験をなめてはいけない

ところが、最近この定期試験が非常に軽視される傾向にある。これは非常にゆゆしき問題なので、少し苦言を呈させてもらいたい。

確かに、高校の定期試験の成績＝大学入試の結果というわけではない。しかし、いったいどんなRPGなら、中ボスを倒さずにラスボスと対決できるだろうか。ラスボス攻略のためにはまず、経験値を得なければならない。実際、**定期試験で試験の雰囲気に慣れ、自分の弱点を発見し克服する**ことは、受験勉強においても役に立つ。そして、そのためにはそれなりの準備をして臨まなければならない。**準備していたにも関わらず得点できなかったポイントこそが、あなたの弱点**だからだ。定期テスト攻略に威力を発揮する暗記カードは、普段のレベル上げにちょうどいい「お手頃な武器」くらいに考えておこう。

記憶力を高めるためのその⑩

暗記カードは覚える量が少ないときに使え

私の合格体験記

『単語「カード」よりも単語「帳」を』

高岡駿平さん（教養学部2年・神奈川出身）

できない分野を潰していく。つきつめて考えると、究極の勉強はここにいきつくのではないだろうか。単語「カード」よりも単語「帳」のほうが効果的な原因もここにある、と高岡さんは語る。

「一般的に使われているような単語カードは作る手間がかかるし、枚数だけがかさんで整理がしにくい。そういうデメリットを避けようとして、単語帳を使った勉強法にたどりつきました」

高岡さんが生み出した、単語帳の作り方はいたってシンプル。まず、大きな紙を準備して、中央に縦線を引く。その左側に英単語（もしくは古文単語など）を書き、右側に日本語訳を載せる。何度やっても覚えられない単語には、チェックをつける。これだけだ。模試などで新しい単語に出会うたびに、項目を増やしていったという。

「右側を紙などで隠せば、一問一答形式の勉強もできます。なにより、このやり方のメリットは、自分がわかっていないことの『リストアップ』が容易になること。苦手な単語だけを集中的に勉強できるので、効率的でしたね。覚えていない単語＝チェックした単語が減っていくのが目に見えてわかるので、モチベーションアップにつながります」

単語「カード」よりも容易に作れ、それ以上の効果をもたらせてくれる単語「帳」勉強法。あなたのボキャブラリーを劇的に増やしてくれるかもしれない。

記憶力

11 マンガで記憶はできるのか？

「それ」って本当に勉強しているの？

効果 ★★★★★

手軽さ ★★★★★

書店の参考書コーナーを見てみると、「マンガでわかる」といったタイトルを冠した本と出会うことがある。歴史・古典の分野で多いこのマンガ参考書だが、本当に勉強に役立つのだろうか。東大生アンケートをもとに検証してみたい。

■マンガなんて邪道？

東大生アンケートによると、77％が「マンガでわかる参考書（のようなもの）をまったく利用したことがない」と回答している。やはり「マンガで勉強なんて！」という固定観念があるのかもしれないし、そのような参考書の質があまり高くないと判断してのことなのかもしれない。そもそも、そんな参考書の存在さえ知らなかった人もいるだろう。いずれにせよ、アンケートの結果からは「勉強にマンガは必要ない」と結論づけるのが妥当なようだ。

「漫画でわかる」参考書などを使いましたか？

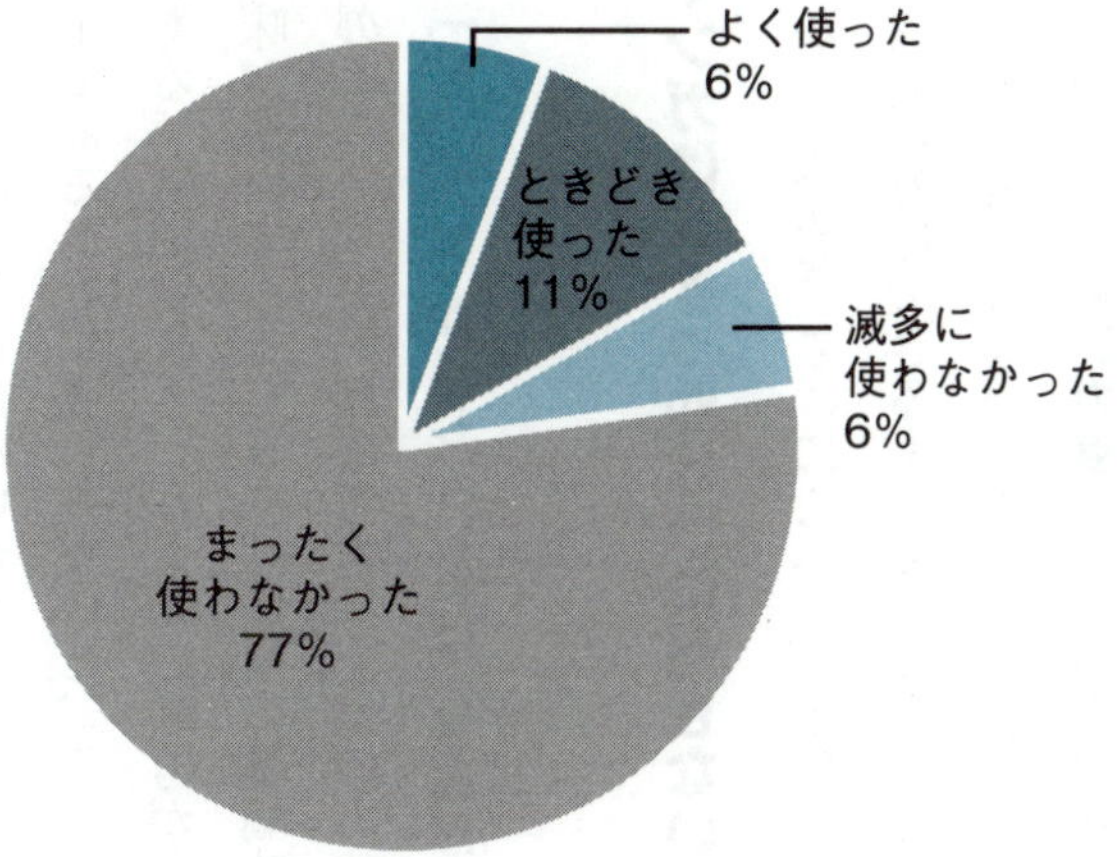
よく使った
6%
ときどき
使った
11%
滅多に
使わなかった
6%
まったく
使わなかった
77%

回答総数　東大生100人
株式会社U-Tee調べ

しかし、である。だからといって、残り23%を無視するのはもったいない。もしかしたら、有効にマンガを使う勉強法があるかもしれない。そういうわけで、あえてここでは少数派の意見をクローズアップして紹介してみよう。

マンガを「きっかけ」に！

マンガ参考書を使うメリットとはなんだろう。まさか、親に怒られたときに『勉強してるんだって、ほら！』と言い訳ができることだけではないはずだ。今回、アンケートに寄せられた声でもっとも多かったのが「(マンガ参考書は)**流れをつかむのにはいいのでは**」という意見。教科としては古典や歴史といった、いわゆる暗記科目の勉強で使っていた人が多いようだ。

人間には、興味のあることほど記憶しやすいという性質がある。自分の好きな人を思い浮かべてみてほしい。その人の趣味・誕生日・好きな話題、その他もろもろ、特に覚えようとしたわけでもないのに、自然と覚えてしまった情報がたくさんあるのではないだろうか。

マンガ参考書は、人間のこんな性質をうまく利用している。たとえば、歴史。嫌いな人にはにわかには信じられないかもしれないが、歴史はダイナミックだ。歴史上の偉人たちも、人の子であることに変わりないし、ミスもおかせば、色恋に思いをまどわせることだって、当然ある。織田信長という人物の魅力がわかれば、なぜ彼が楽市楽座を開いたのかにも自然と興味が湧いてくるだろう。勉強の醍醐味といっても過言ではない。

このように、マンガ参考書は記憶の「幹」をつくる心強い味方になってくれる。そして、**この「幹」がしっかりしていれば、論述形式の問題にもきちんと対応できるようになる**のだ。

■マンガは「きっかけ」に過ぎない

しかし、残念なことにマンガ参考書に含まれる情報量は教科書に比べると圧倒的に少なく、大学受験に対応できるものではない（面白さ・わかりやすさが求められる以上、仕方のないことなのかもしれないが）。結局、教科書や練習問題が重要な地位を占めていることに変わりはないのだ。**マンガ参考書は「きっかけ」としてはベストだが、しょせん「きっかけ」に過ぎないことを忘れないでおいてもらいたい。**マンガ参考書で「おおまかな流れ」をつかんだら、教科書で知識を肉づけし、問題演習に挑む。それが正しい使い方だろう。

おすすめマンガ

【古典】

○『あさきゆめみし』（講談社）

入試でも出題されることの多い「源氏物語」のストーリーを流麗なイラストで表現。平安貴族の世界観に触れられる。

○『漫画日本の古典　徒然草』（中央公論新社）

このシリーズは古典的なものの考え方を学ぶのにちょうどいい。「徒然草」は古典で頻出の「無常」観の元祖。

【歴史】

○『大学受験頻出５５５シリーズ』（学研）

多様な切り口から日本史・世界史の基礎知識と流れをマスターすることが可能。本格的な受験勉強に入る前に。

記憶力を高めるためのその⑪

流れをつかむためにマンガを読む！

私の合格体験記

『サボるための言い訳にはするな』

Uさん（文学部3年・京都出身）

「『あさきゆめみし』ですか？　図書館で借りて読みました。それまで、古典って回りくどくてめんどうなイメージがあったんですけど、あのシリーズでそんな見方が180度変わった気がします。だって、あんなに人間くさい物語ですから。光源氏なんて、ロリコンの変態やろうじゃないですか（笑）」

そう話すのは京都出身のUさん。もともと古典の成績は悪くなかったため、『あさきゆめみし』が成績向上につながったかどうかはわからないが、少なくとも古典の問題を解くときにワクワクしながら本文に向かえるようになったという。

「マンガって、知識を覚えるためにはあんまり向いていない気がします。でも、これから勉強しようっていうときに、ちょうどいいとっかかりになってくれるんですよね」

大学では歴史を専門にしているというUさんだが、そもそもUさんが歴史に興味を持ったのも、とあるマンガシリーズとの出会いがあったからだという。

「小学生のときに読んだ『学習漫画日本の歴史』(集英社) は、私にとって学問の原点です。大学受験前もちょくちょく読み返したりしていましたが (笑)。ただ、そのとき感じたのは、マンガ参考書はえてして勉強をサボるための言い訳になってしまいがちだということ。外部へ向けても、自分にとっても。いくら勉強になるからとはいえ、きちんと目的意識をもって、時間を決めて読むようにしたほうがいいと思いますよ」

なるほど、耳の痛い話である。

石浦教授の出張講義 ④

『生活リズム』

私も、多くの学生や研究者に接してきましたが、いい仕事をするのって、規則正しい生活リズムを保ちながら研究している人のほうが圧倒的に多いんです。一気に徹夜でやって、次の日は昼間まで寝て……。そういうタイプの人は、ほとんど大成しない。

規則正しい生活が成績を伸ばす

どうやら、勉強にも同じことが言えるようです。君たちの周りをみても、毎日ちゃんと寝て、ひょうひょうとしている人のほうが、睡眠時間を削ってガツガツ勉強している人よりも成績が良かったりしませんか？　少なくとも、東大では前者のタイプが多いように思います。

東大の大学院に来ても、そこから大学に残ることができるのは、10人に3人くらい。というと難しそうに聞こえますが、実はそんなに苦労することでもないんです。朝10時に来て、18時に帰ってもいい。ただ仕事を問題なく、リズム良くやり続けること。たったそれだけのことですが、それが実行できる人はいつのまにかスーっと先に進んでいけるわけです。

日周リズムの維持を意識せよ

規則正しい生活、というと朝型がいいか、夜型がいいか、ということを気にしだす人がいますが、どちらが適しているかは人によって異なります。血圧の低い人は朝に弱く、夜のほうが元気に活動できるのでしょうが、僕のように血圧の高い人間の場合、朝はサッと起きれるけど、夜になると眠くなってきてしまう。いいアイデアが浮かんでくるのも朝であることが多い。

それよりも大事になってくるのは、日周リズム。このリズムは人間のからだの様々な部分の活動に影響を与えています。夜型の人は夜型でもいい。ただ、その生活リズムをあまり乱さないことが大事なのです。

最近は、深夜に携帯電話で長電話をしたり、ゲームに没頭したりと、子どもの睡眠が不規則になってきている傾向にあります。楽しくてついつい続けてしまうのはわかりますが、将来のことを考えると、ほどほどのところで止めておいたほうが賢明だと思います。

第5章
大学合格のための「生活力」

生活力 1

一長一短の朝型・夜型

自分の勉強スタイルにあわせて選ぶべき？

効果 ★★★★★

手軽さ ★★★★★

あなたは朝型だろうか、それとも夜型だろうか？

この問いは、受験生にとって普遍的な問題であるだけに、避けては通れないテーマの一つだろう。今回のアンケート調査において最も多くのコメントが寄せられた項目でもある。

■朝型人の言い分

まずは、朝型賛成派の人たちの言い分から聞いていこう。

昔から「早起きは三文の徳」といわれているが、アンケートから浮かび上がってきた朝型派の言い分も主に三つ。一つは、**学校の授業に対応しやすい**こと。たいていの高校では8時前後から授業開始という、朝型よりの時間割を組んでいる。したがって、朝型人は夜型人に比べ、効率の良い学校生活を送ることができるのである。

受験生のころ、生活は夜型でしたか、朝型でしたか？

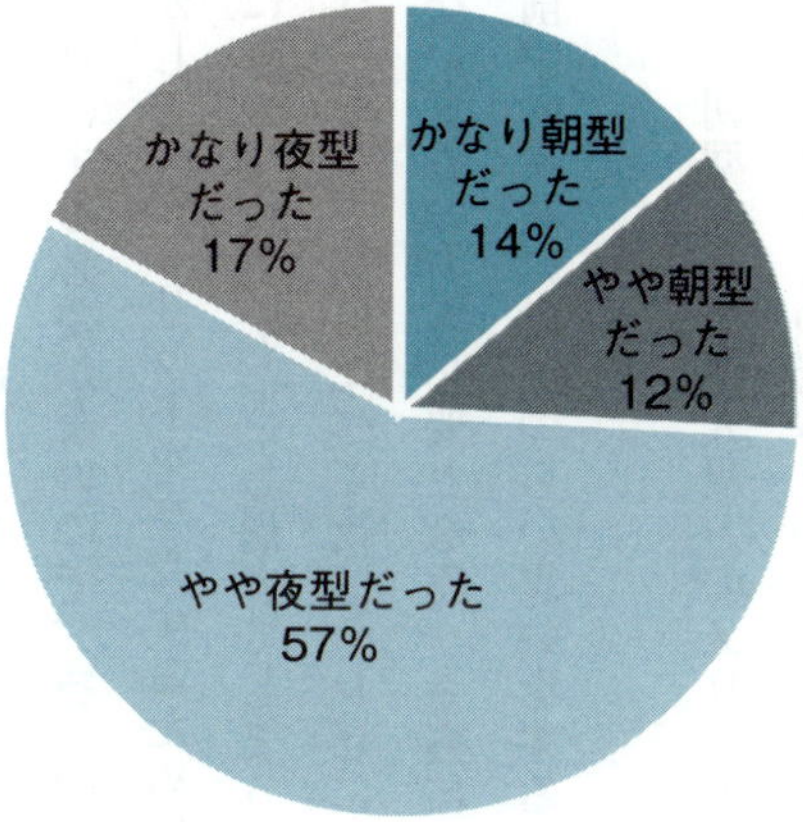
かなり朝型
だった
14%
やや朝型
だった
12%
やや夜型だった
57%
かなり夜型
だった
17%

回答総数　東大生100人
株式会社U-Tee調べ

二つ目のメリットは、**集中力がアップすること**。朝に起きて勉強しようとすると、その後に学校などの用事がつまっているため、時間に追われることになる。ここから生じる適度なストレスがかえって勉強の効率を高めるというのだ。せっかく早起きしたのだから、時間を無駄にしてはもったいない、という意識が働くことも集中力がアップする原因だろう。

しかし、そんな朝型にもデメリットがいくつかある。まず、低血圧の人は問答無用に起きるのがつらい。根性論だけでは乗り越えられないものがあるに違いない。また、学校の宿題などがある場合、寝過ごすと怖いことになるというデメリットがあるし、時間に追われているという状態では集中できないという人もいるはずである。

夜型人の言い分

では、次に公平を期して夜型賛成派の言い分も聞いてみよう。

夜型人たちは「**夜の方が静かで騒音などが少ないので、作業に集中できる**」「朝と比べて時間を気にする必要がないので、**自分の気のすむまで勉強を続けることができる**」と言う。

しかし、そのメリットを享受するためには、ある程度の犠牲を覚悟する必要もある。まず、調子に乗って夜更かしをし過ぎてしまうと、その疲れが翌日に残り、勉強の効率が下がってしまう。また、朝に比べて夜はテレビにラジオと誘惑するものが多いため、それらに飲み込まれない意思の力も必要となる。さらに、朝方人と対極である以上、朝方人向けに設定された午前中の授業には、つらい思いをすることになる。

さて、朝型人と夜型人双方のメリット・デメリットをつらつらと並べてみたわけだが、結局どちらが優位なのだろうか。グラフから判断する限りは夜型人の方が勉強に向いていそうな気もするが……。だが、しかし。すでにお気づきの方もいるかもしれないが、朝型人はまだ一つ、決定的な切り札を隠し持っているのである。

生活力を高めるためのその①

朝型シフトは早いうちから！

■入試を見据えた朝型シフトへ

高校の授業が朝型へ有利な時間割をしていることはすでに述べた。これと同様に、**受験生にとって最も大事な入試本番も、比較的早い時間帯から始まる場合が多い**。ということは、夜型の生活リズムのまま入試へ臨んだ人は、なかなか自分の実力を発揮できないままに終わることになってしまう。せっかく長い長い受験生活を乗り越えて受験本番にたどりついたのに、最後の最後にこれでは悔やんでも悔やみきれないことだろう。

したがって、**どんなに夜型の生活が性にあっている人でも、受験前には朝型生活に無理やりにでも切り替えておく必要があるのである**。

この生活リズムの切り替えには、最低でも2週間程度の移行期間が必要になることは見込んでおいた方がいい。とはいえ、入試本番の大事な2週間を勉強効率の上がりにくい移行期間にあててしまうのは、非常にもったいないことでもある。

どうしても夜型を続けたいという人も、できるだけ余裕をもって、朝型生活に切り替えていったほうがいいだろう。

私の合格体験記

『追求したいからこそ、朝型生活を』

小川明浩さん（文学部4年・福岡出身）

『四当五落』という言葉を聞いたことがあるだろうか。4時間睡眠で勉強した者は大学に合格し、5時間以上眠った者は不合格になる、というもの凄い言葉。今となっては非常識極まりないが、数十年前はこれが受験界の常識だったのだ。

「睡眠時間は6~8時間はとるようにしていましたね。睡眠時間を切り詰めて勉強！というのは短期決戦にはいいと思いますが、受験は長期戦ですから。かえって悪い影響が出てくるのではないでしょうか」と話すのは、文学部4年の小川さん。

「受験期には、2つだけルールを決めて勉強していました。一つは1日に2回、過去問を解くこと。もう一つは、その日始めたものはその日のうちに終わらせる、ということです。自分の場合、わからないことがあるとそれを納得できるまで追究してみたくなってしまうんですよ。だから、ついつい夜更かしをしてしまい、生活リズムが崩れて能率が落ちるという悪循環に陥ってしまう。それを避けるために、夜の勉強は早めに切り上げて12時くらいには寝るようにしていましたね」

この2つのルールを守ることで、自然に朝型の健康的な生活リズムを維持することができたという。

「朝早く起きると、朝の爽やかな空気のなかでリフレッシュした頭を働かせることができるし、夜も気持ちよく眠りにつける。そういう点でも、朝型生活はオススメですね」

なるほど、朝型生活にはこのようなメリットもあるのだ。朝型人のリードが一歩広がったか。

生活力

② 勉強と食事の関係は？

あなたはあなたの食べたモノでできている

効果

★★★★★

手軽さ

★★★★★

最近、よく聞くようになったキーワードに「食育」というものがある。また、児童の朝食摂取率と学習成績の相関関係が話題になったことも記憶に新しいだろう。これほどまでに重視されてきている「食」であるが、はたして食事と学習成績のあいだには、本当に因果関係があるのだろうか。

■食事のおかげ、それとも……

まずは、「東大生がどれだけ朝食をとっていたのか」を、アンケートをもとに検証してみよう。朝食を「毎日とっていた」「だいたいとっていた」人の割合はおよそ8割強であり、ほとんどの人が朝食をとっていたようだ。

ということは、朝食をきちんととれば頭が良くなるのだ、と断言したくもなるが、問題は

朝食をとっていましたか？

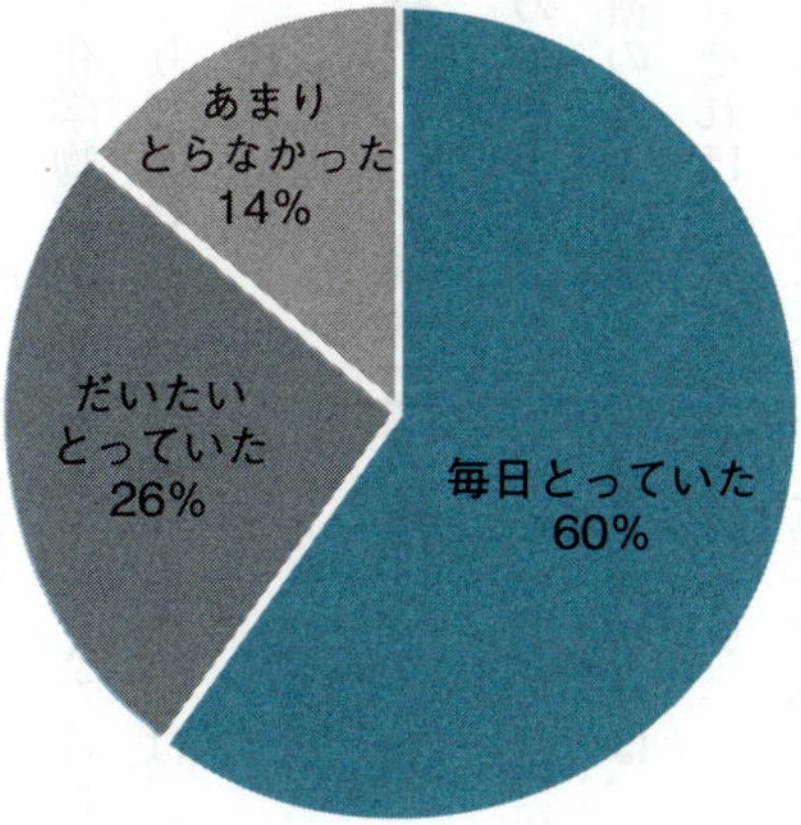
あまり
とらなかった
14%
だいたい
とっていた
26%
毎日とっていた
60%

回答総数　東大生100人
株式会社U-Tee調べ

それほど簡単ではない。そもそも、毎朝きちんと朝食が出てくるような家庭は、そうでない家庭にくらべて教育熱心な親が多いはずである、したがって、児童の成績が高いのも単なる環境要因に過ぎない、という批判もあるのだ。たしかに、この意見にも一理あるように思える。因果関係はあるのか、ないのか。いったいどっちなのだろう。

やっぱりあった、朝食の効果

どうもこれでは歯切れが悪いので、科学的な視点から朝食について考えてみよう。

当然のことながら、あなたが夜眠っている間にもあなたのからだは活動を続けており、刻一刻とエネルギーを消費している。

脳のエネルギー源は血液に含まれるグルコース（血糖）であるが、目覚めた直後には前日の夕食の蓄えもなくなり、この値は低下している。エネルギー源がなければ、当然脳のパフォーマンスは下がり、勉強効率も落ちてしまう。**朝食には、この不足したグルコースを補うという大事な役割がある**のだ。

また、朝食をとることには他にも体温上昇・肥満予防・イライラ減少（ベータドルフィンという化学物質が分泌されやすくなるためらしい）という効果があることが報告されている。やはり、朝食と学習効率との間には、相当の因果関係がありそうである。

ご飯・パン論争に決着!?

脳のエネルギーとなるグルコースは、体内でブドウ糖を分解して作られる。それでは、「ブドウ糖の多く含まれる食品を食べれば、脳は活性化するのでは？」と考えたくもなるが、こちらもそれほど単純な話ではない。

血糖値が急激に上がった場合、体はインスリンという血糖値を下げる働きがあるホルモンを分泌することで血糖値を一定に保とうとする。したがって、**一度に大量にブドウ糖を摂取した場合にはかえって血糖値が下がってしまい、脳に栄養がいかなくなってしまうのだ。**疲れたからといって大量に食べ過ぎてしまっては、よけいに脳が疲れてしまうのである。甘いものはリフレッシュ程度にとどめておこう。

生活力を高めるためのその②

ご飯を食べて脳に栄養を与えよ

ブドウ糖は炭水化物から作られるが、最近はこの炭水化物のなかにも血糖値をゆっくり上げるものと、急激に上げるものがあることがわかってきている。この血糖値の上がりやすさのことをグリセミック指数というが、パンよりもパスタ、パスタよりもご飯のほうがこの値が低い。したがってご飯はパンに比べ、脳に安定した栄養を供給する食品であるということができるのである。もちろん、ほんのわずかな差ではあるが。どうしても気になっていた、という人は参考にしてみては。

食事は、受験生にとって限られた楽しみの一つ。おいしいものを食べて気分転換すると同時に、脳力アップも狙ってみよう。

私の合格体験記

『朝食って、大事ですよね』

山田拓徳さん（経済学部3年・神奈川出身）

さて、たまには合格『失敗』記をのぞいてみるのもいいだろう。

「食事は、バランスとか考えたことなかったですね（笑）」と語るのは経済学部3年の山田さん。

「自分は朝に弱いんです。そのため、朝食は抜くことも多かったし、食べたとしてもヨーグルトや飲み物など、サッととれるものしか摂っていませんでしたね。夜も塾に通っていたので、塾の前にコンビニで適当に夕食を買って食べ、塾が終わったあともコンビニに寄って夜食を摂るような生活でした」

なるほど、塾に通う身としては仕方のない行動だったのかもしれない。しかし、その結果、受験勉強をとおしていくぶん太ってしまったとのこと。さらに山田さんは続けた。

「夜食を摂っていたことを後悔してるんです。今考えてみると、夜食でお腹を満たしていたからこそ、朝食を食べる気が起こらなかったのかなーって。朝昼夜きちんと3食摂るような生活をしていれば、もっと午前中を有意義に過ごせたんでしょうね」

では最後に、受験生へのメッセージをよろしくお願いします。

「栄養バランスのよいメニューが理想なんでしょうけど、それよりも、まずは3食規則正しく食事を摂るリズムを築いてもらいたいと思います。あと、やっぱり食べ物のことで言えば、勉強で疲れたときにはグレープフルーツがいいです！　ほろ苦い酸味で、気分がスッキリします。後味もいいですしね」

生活力 3

眠れ、受験生

「四当五落」は今や昔？

効果 ★★★★★

手軽さ ★★★★★

受験生のなかには、焦りのあまりに睡眠時間を切り詰めて勉強にあてているという人もいるかもしれない。たしかに、その根性は素晴らしい。だが、もっと他に活かせる道があるのではないだろうか。本項では、勉強と睡眠の関係について考えてみたい。

■東大生こそ眠っている

東大生といえば、さぞかしガリ勉ばかりで、夜遅くまで勉強しているのだろう、と思っている人も多いかもしれない。が、そんなことはない。左ページのグラフを見てもらえばわかるが、東大生の約5割は1日に6～7時間眠っており、5時間を切っていたという人は2割にも満たない。これは、世間一般の高校生の平均睡眠時間からしても比較的多めの数字であると言えるのではないだろうか。

睡眠時間は平均して一日何時間くらいとっていましたか？

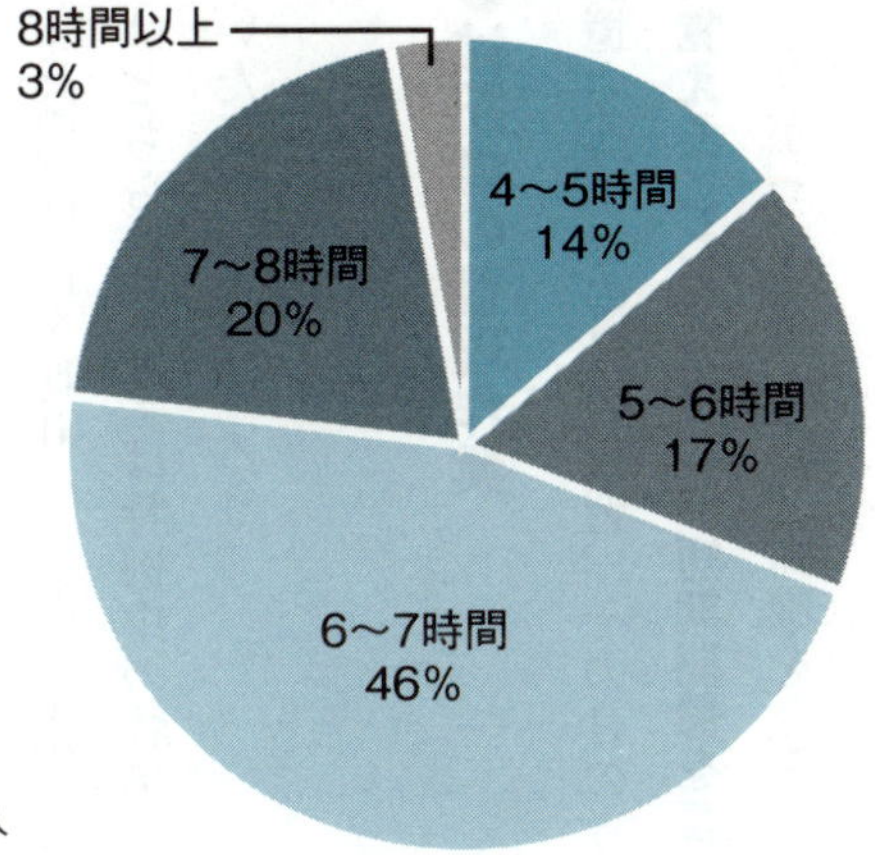
8時間以上
3%
4〜5時間
14%
5〜6時間
17%
6〜7時間
46%
7〜8時間
20%

回答総数　東大生100人
株式会社U-Tee調べ

こんなことを言うと「東大を受けるような人は頭がいいから、受験勉強なんてまじめにやらなくてもいいんでしょ」という邪推をする人もいそうだが、そんなことはない。

当然ながら、東大生といってもギリギリで合否の当落線上にすべりこんだという人のほうが圧倒的に多数だからだ。

それでは、なぜ東大生はよく眠るのだろう。寄せられたコメントを分析してみると、三つの理由が浮かび上がってきた。**キーワードは「集中力」「記憶力」「免疫力」だ。**

■ダルさを軽視するな

少々乱暴な試みにあるが、勉強の法則を方程式にしてみよう。

「集中力×勉強時間＝成果」

集中力が0に近い状態でいくら勉強時間だ

けを増やしてみても、決して成果が上がることはないし、それよりはむしろ集中力の高い状態で短時間勉強したほうが効果的な場合もある。

睡眠時間を1時間切りつめることで勉強時間を増やし13時間ダラダラ勉強するのと、適切な睡眠をとって12時間集中して勉強するのとでは、どちらがより効果的だろうか。なかには「いくら睡眠時間を切りつめても集中力は維持できる！」という人もいるかもしれないが、それはどちらかといえば特例中の特例。「自分は普通」という自覚のある人は、後者を選んでおいたほうが無難だろう。

■夢は記憶の整理作業

記憶力③「その日の復習、その日のうちに」（P.１０８）でも述べたが、**睡眠中も脳はその日覚えたことを整理し、短期記憶を長期記憶へと移し変えるという、重要な働きをしている**。したがって、きちんと睡眠をとらなければ情報はなかなか脳に記憶されないのである。

■受験生はからだが資本

睡眠時間があまりに短くなると、免疫力が極端に低下するというデータがある。これは受験生にとっては非常に危険だ。からだを壊してしまっては、勉強しようと思ってもできなくなる。特に、入試直前に病気にかかるのは絶対に避けたい。健康を保つためにも、適度な睡眠は必要なのである。

生活力を高めるためのその③

眠ることも勉強の一部だと心得よ

適度な睡眠時間はどれくらい？

受験勉強の際にちょうどいい睡眠時間というのはどれくらいなのだろう？

実は必要睡眠時間というのは人によって大きく異なり、いちがいに「こうだ！」という数字を示すことはできない。ナポレオンが3時間しか眠らなかったことは有名だし、かのアインシュタインは毎日10時間寝ていたという。まずは、いろいろな睡眠時間を試してみて、もっとも自分にあった生活リズムを探してみてはいかがだろうか。

ただ、最近の脳科学でわかってきたのは、**睡眠は90分周期だということ**だ。浅い眠り（ノンレム睡眠）と深い眠り（レム睡眠）は90分周期で交互にやってくるため、90分の倍の時間（6時間・7時間半など）に、あなたが布団に入ってから眠りにつくまでの時間を足したものが、あなたにとっての必要睡眠時間である可能性が高い。

私の合格体験記

『「分割睡眠」という手段』

大平悠仁さん（教養学部2年・東京出身）

本文では比較的オードソックスな睡眠について取り上げたので、「私の合格体験記」では「分割睡眠」という変り種の睡眠法を採用していた大平さんに話を聞いてみよう。

「ええ、確かに睡眠は3時間と2時間、分割してとるようにしていましたね。自分は野球部に入っていて、ひどいときはほとんど一日中、陽に当たっていたんです。21時くらいに家に帰ったときには、もうクタクタ。風呂に入ってご飯と食べたら、もう眠くてたまらなくなってしまう。なので、22時～1時くらいまで寝て、それから3時間くらい勉強して、4時から6時ぐらいにかけてまた寝て。その30分後くらいには、もうグラウンドを駆け回っているような生活を送っていましたね（笑）」

しかし、それならば先に5時間寝て朝早くから勉強すればいいようにも思えるのだが。

「確かに、そうなんですよ(笑)。ただ、そうすると寝過ごしたときが怖いんです。宿題を忘れると、顧問が鬼のように怒るので。1時に起きるような生活リズムを作っておけば、どんなに寝過ごしたとしても3時とか4時には自然に目が覚めるじゃないですか。それぐらいの失敗なら、なんとかリカバーできるんですよね」

正直なところ、そのやり方で集中力や記憶力が上がったかどうかは、大平さん自身にもよくわからなかったという。

「僕の場合、そうしたほうがいいからやったというよりは、そうしなければいけなかったからやったので、わりと特殊なパターンだと思います。部活を引退した後は、普通に朝型の生活にシフトしましたし」

本文の説明からは少し外れるが、大平さんのように部活と勉強の両立に悩んでいる受験生も相当数いることだろう。そんな方々は、とりあえず「分割睡眠」を採用してみるのも一つの手なのかもしれない。

生活力 4

眠気をうまく乗りこなせ

効果的な仮眠のとり方とは

効果 ★★★★★

手軽さ ★★★★★

受験生を誘惑するものはたくさんあるが、「眠気」はその最たるものだろう。だからといって、目を真っ赤にしながら眠気と戦ってもどうしようもない。眠気は打ち負かすのではなく、付き合っていくべきものなのなのだ。

■「あえて居眠り」の効果

ある穏やかな昼下がり、お昼ご飯をいっぱい食べた後の国語の授業、先生の話を聞いているうちについウトウトと夢の世界へ。不謹慎な話ではあるが、ある程度は仕方のないことでもある。人間には睡眠リズムというものがあり、眠気のピークが1日に2つある。一つが真夜中で、もう一つが午後1時～4時のあいだ。しかも、昼食後には血液が消化器に集まるため、脳へ栄養がいきわたりにくくなる。だから、ついつい居眠りをしたくなってしまうのだ。

昼寝をしていましたか？

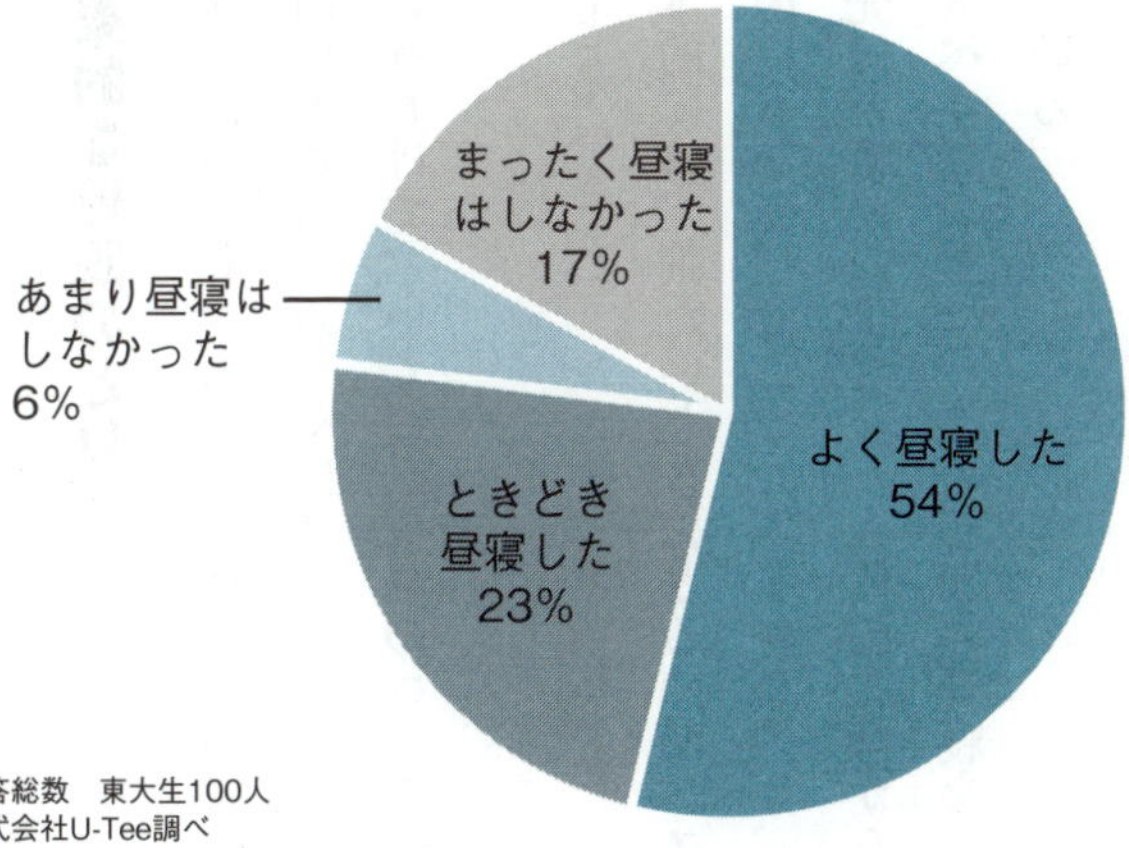
まったく昼寝
はしなかった
17%
あまり昼寝は
しなかった
6%
よく昼寝した
54%
ときどき
昼寝した
23%

回答総数　東大生100人
株式会社U-Tee調べ

そういう風にできているのだから、仕方がない。

しかし、居眠りはマイナスの側面ばかりではなくプラスの側面もたくさん持っている。まず、居眠りをした後は頭も体もリフレッシュし、新鮮な気持ちでその後の作業に入ることができる。もちろん、ストレス解消にもなるだろう。また、そうなると当然のように集中力も上がり、勉強効率も上がる。

眠気を我慢しながらぼんやりと勉強するよりも、少し休みをとって、集中しながら勉強をした方がよっぽどいい。ぼんやりしながら勉強したところで結局大して身につかず、かえって知識の「穴」が生まれてしまう可能性があるからだ。眠いということは、脳が「いっぱいいっぱいです」というメッセージをあなたに送っている証拠。**眠気を感じたら、素直に脳を休ませてあげよう。**

効果的な仮眠のとり方

そうは言っても、あまりに長時間の居眠りは勉強の妨げになる。また、生活リズムが乱れる原因にもなるため、やはり、一定のルールを定めた方が良さそうだ。

というわけで、いくつか仮眠のコツを紹介しよう。

【いつとるべきか】

基本的には、眠たいときにとるのがベスト。しかし、遅めの時間の仮眠は睡眠リズムが狂う原因にもなる。そこで**オススメなのが、昼食後（学校では昼休み）の昼寝を習慣化すること**。先ほど書いたように、人間の生態から見るとこの時間の仮眠が最も理にかなっているのだ。スペインなどは、この時間の昼寝を『シエスタ』と呼び、社会的に広く普及した習慣となっている。

【何分くらいがちょうどいい？】

気分転換のために仮眠をとったとしても、あまり長い時間とりすぎては逆に頭がぼんやりしてしまう。ある統計によると、**最もその後の作業効率が上がる仮眠時間は15分～20分前後**であり、30分以上眠ると逆に疲れを感じる人が増えてくるようだ。これは、一定の時間を過ぎると、浅い眠り（レム睡眠）が深い睡眠（ノンレム睡眠）へと移行してしまうためだとされている。

【どんな状態で眠るのがいい？】

仮眠をとるときには、穏やかな音楽を聴くことをオススメする。リラックスした状態で眠りにつけるし、目覚めもスムーズだ。また、外出中にヘッドフォンで音楽を聴くことは、外部の騒音を遮断する手立てにもなる。最近は「ヒーリングコーナー」を設けているレンタルショップも多いようなので、利用してみてはいかがだろうか。

また、**仮眠をとるときは横になったりせず、イスに座りながら眠ったほうがいい。**あまりに快適な姿勢で眠りに入ってしまうと、ついつい寝すぎてしまう恐れがあるからだ。

仮眠を取り終えたら、大きく伸びをして、上半身をリフレッシュさせ、作業に入ろう。ウトウトしていたときは理解不能だった問題が、急にやさしく思えてくるかもしれない。

生活力を高めるためのその④

眠いときは寝る勇気を持とう！

私の合格体験記

『午前中の勉強にもいい影響があるんです』

曽部貴弘さん（経済学部3年・神奈川出身）

ひょうきんな性格で、サークルでもバイト先でもムードメーカー的な役割を担っている曽部さん。本書でも2回目の登場だ。ユニークな昼寝ライフを送っていたという曽部さんに、効果的な昼寝のとり方について取材した。

「昼寝をとったのは昼食後。あまり長く寝すぎるとかえって疲れてしまうので、20分くらいがちょうどいいと思います。適当な衣類を丸めて枕にし、部活に疲れた中学生のように机に突っ伏してました（笑）。冬は防寒着にもなるので一石三鳥ですよ」

昼寝をする前にもポイントがあるという。

「お茶やリポビタンDなどで、カフェインを摂るようにしていましたね。ちょうど、20～30分後くらいに効いてくる（気がする）ので、すっきり起きられるんです」

しかし、昼休みといえば学生にとっては貴重な時間。その一部を犠牲にするだけの効果はあったのだろうか。

「以前、午後の授業といえば時間だけがゆっくり過ぎていく退屈な時間でした。でも、昼寝をとり始めてからは、段違いに授業に入り込めるようになりましたよ。それに、昼寝は午前中の勉強にもいい影響を与えるんです。『もうすぐ寝れる』って思うと、モチベーションを持続できますから。で、『午前中もしっかり勉強したぞ』っていう達成感が、午後の勉強のモチベーションにもつながる。幸せです」

大学でも多忙な日々を送っている曽部さん。今も昼寝が活力の源だという。

生活力

5 趣味と上手に付き合おう

忙しいときこそ、あえて趣味を持て

効果 ★★★★★

手軽さ ★★★★★

受験勉強をしているからといって、必ずしも自分の趣味を封印しなければいけないわけではない。そのことは、次ページのグラフを見ても一目瞭然だろう。「受験生のころ、気分転換やストレス解消となる趣味を持っていましたか」との質問に対し、91%もの東大生が「持っていた」と答えている。

■自分が自分でいられる場所

なぜ、これほどまでに多くの東大生が、過酷な受験勉強と趣味を両立させることができたのだろうか。もしかしたら、これは受験勉強のストレスが大きかったことの裏返しなのかもしれない。

一つのことだけに秀でた人は、輝きと同時に脆さも併せ持っている。その一事がスランプ

気分転換やストレス解消となるような趣味を持っていましたか？

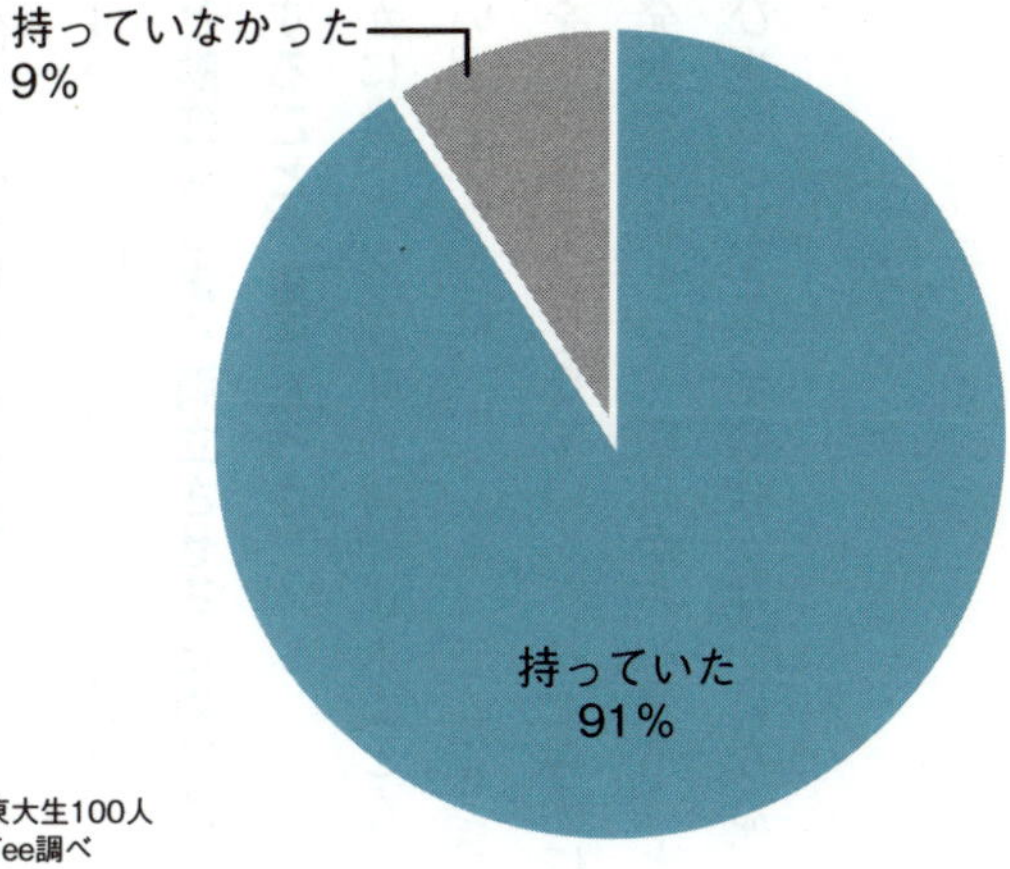
持っていなかった
9%
持っていた
91%

回答総数　東大生100人
株式会社U-Tee調べ

に陥ってしまった場合、心の支えになるものがなくなってしまうため、鬱々《うつうつ》とした状態に陥ってしまう危険性が高いのである。

一方、いくつかの分野で活躍しているという人は、ある分野でスランプに陥ったとしても、容易にくじけず、再起をはかることができる。その一事以外にも、自分の心のよりどころが存在するからだ。

同様のことは勉強に関しても言うことができる。一切の趣味を封印し、受験勉強にだけ専念しているという人は、不調に陥ってしまったときに脆い。強いストレスを受けているにも関わらず、それを発散する機会がなく、自信を回復するための場所もないのだから、当然のことである。

そのような状態を避けるためにも、**忙しい受験期だからこそ、あえて趣味を持ってみよう。**

■趣味と上手に付き合おう

とはいえ、趣味に没頭するあまり肝心の勉強が疎かになってしまっては、やはり本末転倒。**趣味と勉強をうまく両立させるためには、あらかじめ趣味に使う時間を決めておき、それを遵守することが重要だろう。**

なかには、一度趣味の時間に入るとなかなか勉強に戻ってこれないという人もいるかもしれない。そんな人は、いっそのこと割りきって、休日に1週間分の趣味の時間を詰め込んで、時間を気にすることなくのんびりと趣味に没頭してみてはいかがだろう。思いっきりストレスを発散することで、明日から頑張ろうという気力も湧いてくる。しかもなにより、ついつい遊び過ぎてしまって勉強が疎かになる、という事態を防止することができるメリットは大きい。

■スポーツでストレス発散

趣味といっても、インドアなものだけでなく、アウトドアなものでももちろん構わない。**特にスポーツはオススメ。**さすがに、ここでも本格的な部活のように、グッタリ疲れてしまうようでは問題だろうが、昼休みに仲間とサッカーをしたり、夕食前に少しだけジョギングをする程度ならば全く問題ない。というよりも、そこで得た適度な疲れがあなたを快食快眠へと誘い、規則正しい生活を送るための大きな味方になってくれることだろう。

■恋愛には要注意

ただし、同じ気分転換だとしても、恋愛は少々特殊である。やはり、高校生といえばどうしてもそういうことが気になってしまう時期。無理に恋愛を諦めろ、とは言わないが、**あまりはまりすぎないように注意しよう。**お互いに受験を控えている場合、相手にとっても大事な時期であり、頻繁なデートは相手の将来にも負担をかけることになる。本当に相手のことを考えるのならば、ある程度の自制心は身につけてしかるべきだ。

生活力を高めるためのその⑤

趣味とは適度な距離感を保とう

私の合格体験記

『あらかじめ時間を決めておこう』

十時弘文さん（教養学部2年・福岡出身）

講義にバイトと忙しい生活を送るなかでも、フットサルをはじめとする趣味の時間を上手に確保している十時さん。そんな十時さんに、受験生の息抜きや趣味について聞いてみた。

「自分の場合、高校が21時まで開いているようなところだったので、勉強といえばもっぱら学校でした。そうすると、息抜きになったのは勉強の合間に友達と話すこと。一人でやっていると気が滅入ってきますから。そういうときは、友達と話すといいリフレッシュになりましたね」

わからないこともその場で友人達と話し、解決していたという。友人と一緒に空き教室を使って勉強していたため、自らのペースを守ることも比較的容易だったようだ。

「家ではパソコンをしたり、漫画や本を読んだり。大事なのは、息抜きに入る前に時間をあらかじめ決めておくことだと思います」

やはり、勉強と趣味を両立させるコツはこれに尽きるよう。さらに、受験生とスポーツについても尋ねてみた。

「受験勉強中でも、スポーツは絶対にしたほうがいいと思いますよ。自分は特にスポーツする時間を設けたわけではありませんが、週3回ある学校の体育には全力で取り組むようにしていました。汗をかくと、からだの中の嫌なものが流れ出ていくような気分がしてサッパリしますね。勉強と違う頭の働かせ方をする点でも、気分転換にぴったりでしょう」

スポーツで得た心地よい疲れは、心地よい眠りへとつながり、記憶の定着をうながす。ただ、ひたすら勉強を続ければ成果が上がるというものではない。適度に自分の時間を持ち、リフレッシュをはかる。ここに合格の秘訣があるようだ。

生活力 6

時間がないなら作り出せ

「スキマ時間」を活用せよ

効果 ★★★★★

手軽さ ★★★★★

はたして本当にそうだろうか。

勉強したくても、なかなか時間がとれなくて……。ちょっとした空き時間のことを「スキマ時間」と呼んでみよう。昼休み・休み時間に移動時間や待ち時間、さらにはＴＶの番組と番組の間など、日常にはたくさんのスキマ時間が存在している。それぞれは短い時間なだけに意識しづらいかもしれないが、少しでも時間の欲しい受験生のこと。このスキマ時間を活用しない手はない。

アンケートでは、「移動時間に勉強していたか」ということで東大生のスキマ時間の活用状況を調べてみた（電車・バス通学生のみグラフに反映）。次ページのグラフを見てもらえればわかると思うが、移動時間に勉強をしていたのは3割前後と意外に少ない。つまり、この時間帯をうまく使うことができれば、全国のライバルたちに大きな差をつけることができるのである。

受験生のころ、通学などの移動時間にはおもに何をしていましたか？（複数回答可）

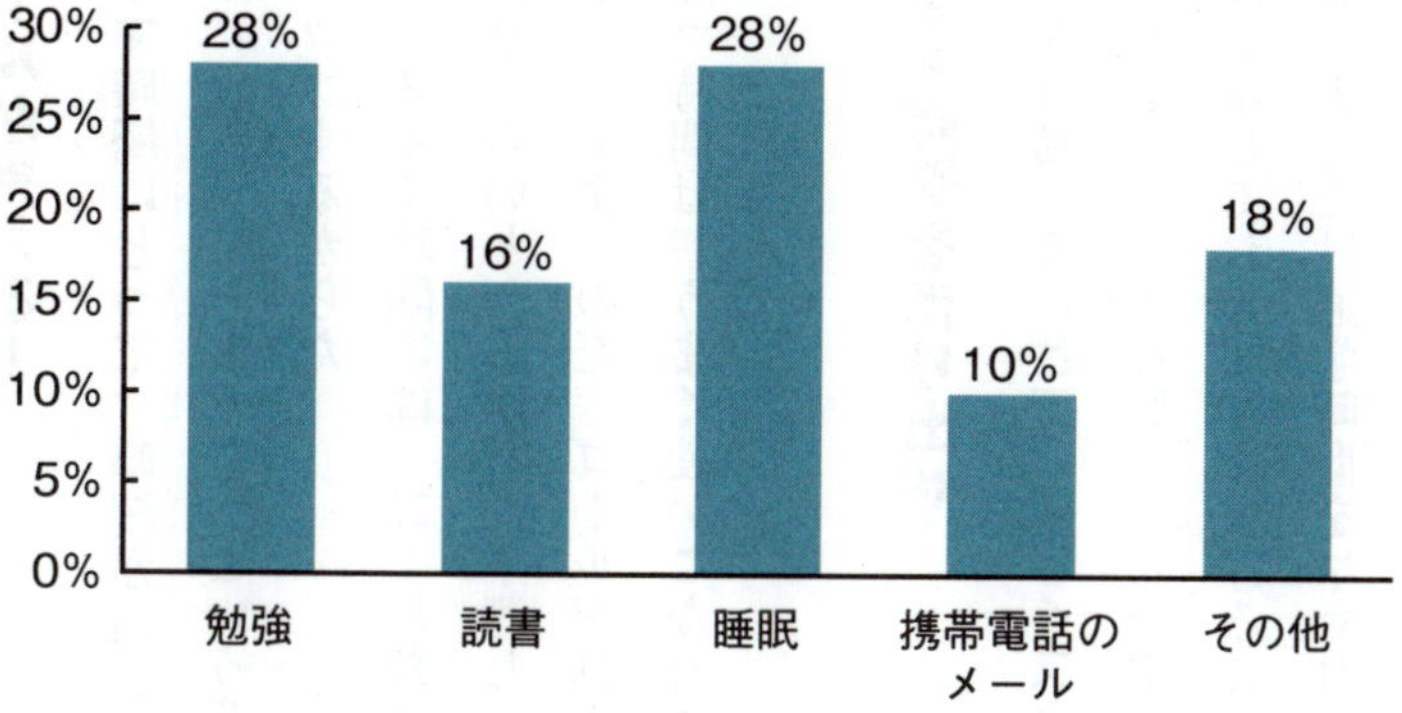
30%
25%
20%
15%
10%
5%
0%
28%
16%
28%
10%
18%
勉強
読書
睡眠
携帯電話のメール
その他

回答総数　東大生100人
株式会社U-Tee調べ

■スキマ時間をどう活かす？

それでは、スキマ時間にどのような勉強をすればいいのかを考えてみよう。

短いスキマ時間において、深く考える必要のある作業は不向きである。難しい英文を読んだり問題を解いたりする作業は避けておいたほうが無難だ。逆に乗ってくるまでにそれほど時間がかからず、時間の区切りも立てやすい『一問一答』などの暗記モノはスキマ時間にぴったり。また、あまり頭を使わずにすらすら読める『実況中継シリーズ』（語学春秋社）や『超速！日本史』（ブックマン社）などの参考書を使って、教科の全体像を把握する作業も適当だろう。

ゴールが見える!

スキマ時間にとって、時間が短いということは短所でもあり同時に長所でもある。「短時間なら、頑張ってみようか」という意識が働くため、いつもより単純作業を行うときの集中力がアップするからだ。

また、**スキマ時間には、ゴールが見えるという長所もある。**たいていの場合、スキマ時間は「何分くらいとれるか」が予測しやすい。したがって「ここまでやれば終わり!」という目標が立てやすいのだ。ゴールが見えると、頑張れる。集中力もモチベーションも高く保てるスキマ時間は、うまく使いこなせさえすれば理想的な暗記時間へと変わるのだ。

スキマ時間を作り出せ

自らが行動することで、新しくスキマ時間を作り出すことも考慮に入れてみてほしい。

たとえば、先ほども例に出した電車・バスでの通学時間。都市部では、朝の電車・バスは非常に混雑しており、本を広げることさえできないかもしれない。しかし、そのようなところでも、少しだけ通学時間を早めれば案外すんなり座れたりすることもある。学校に早くついたらその分の時間を勉強にあてることもできる。30分早起きしただけで1時間の勉強時間を生み出すことも不可能ではないのだ。

生活力を高めるためのその⑥

「スキマ時間」を浪費するな!

■ とはいえ、「ゆとり」も大切

これまで、スキマ時間をいかに勉強に利用するか、をつらつらと書いてきた。しかし、すべてのスキマ時間を勉強に使ってしまったあまり、リラックスする時間を失い、精神的に追い詰められてしまってはどうしようもない。

アンケートでは、スキマ時間に「読書」「睡眠」「メール」などをしていた人が多いということがわかった。想像力を刺激して受験勉強で疲れた脳のストレッチをしてみたり、友達とコミュニケーションをはかったり、ただひたすら疲れを癒したりした後は、勉強へのモチベーションも自然に回復することだろう。**休むことも勉強のうち**だということをしっかり肝に銘じながら、スキマ時間を活用していってもらいたい。

私の合格体験記

『暗記モノは移動時間にだけ』

仲吉統さん（教養学部2年・福岡出身）

ときにはあえて普通電車に乗ってみるなど、通学時間を使って積極的に活用して勉強してきたという福岡出身の仲吉さん。具体的にどのようなことをしていたのだろうか。

「通学時間はバス・電車あわせて片道1時間弱くらいありました。その間に、英単語と古典・社会など暗記モノを勉強していました。というか、暗記モノはほとんど移動時間にしかしていませんでした。その時間以外には暗記モノをしなくていい、という安心感は精神的な余裕にもつながりましたね」

家ではほとんど勉強せず、リラックスに努めていたという仲吉さんにとって、移動時間はウォーミングアップとラストスパートのようなもの。当然のようにやる気も湧いたという。「移動時間はだいたい決まっているので、『今日はここまで終わらせよう！』という区切りが立てやすく、効果的な勉強ができるんですよ。図書館などで一気に暗記系の勉強をしようとしても、飽きるし、能率が下がるだけでした」

電車などでの騒音には、音楽を聴いて周囲の雑音を遮断することで対処していたという。（音楽と集中の関係についてはP.74集中力②「勉強にBGMは必要か」を参照）。

さて、今一度考えてもらいたい。あなたはふだん、どれだけの勉強時間を暗記モノに費やしているだろうか。

生活力

7

「教え」は人のためならず

友達を「勉強道具」にしよう

効果 ★★★★★

手軽さ ★★★★★

ここまで、本書ではすべて一人でできる勉強法を紹介してきた。この項目では、少し視点を変えて、友達といかに付き合っていくべきか、ということについて考えてみたい。

■受験は団体戦

どんな人でも、孤独に苦難の道へ挑むことはつらいものだ。受験勉強についても同様。あまりの大変さに途中で投げ出したくなった経験のある人も多いのではないだろうか。けれど、一緒に苦労に耐え、励ましあう仲間がいればどうだろう。「あいつが頑張っているんだから、俺も頑張ろう」。うかうか休んでもいられないし、何より一人で勉強するよりも楽しい。やる気が湧いてくる。これが、**受験は団体戦である**と言われるゆえんである。

しかし、友達の良さは受験の精神的支柱になってくれることだけではない。互いが互いを

友達とわからないところを教え合いましたか？

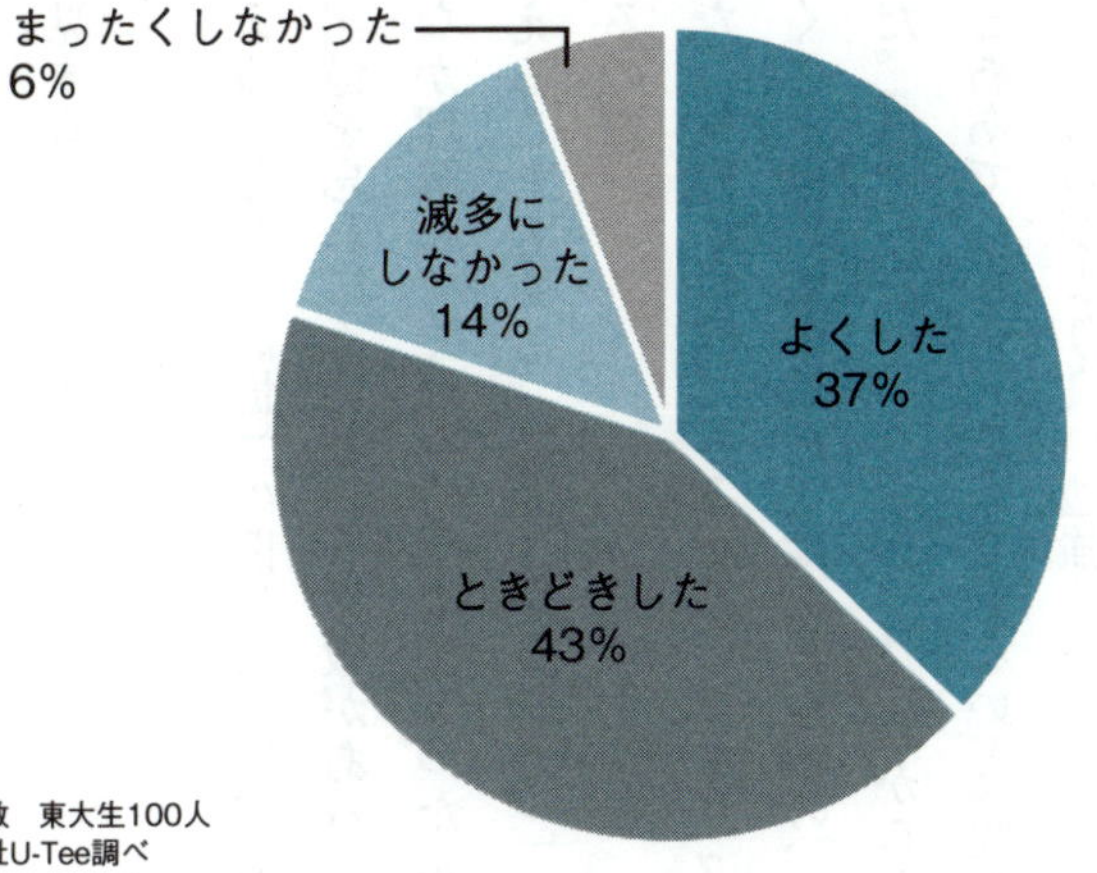
まったくしなかった
6%
滅多にしなかった
14%
よくした
37%
ときどきした
43%

回答総数　東大生100人
株式会社U-Tee調べ

いい意味でツールとして「利用」しあい、ともに成績を伸ばすことも可能なのだ。

友達、その効果

それでは、実際にどうやって友達を「利用するかについて解説していこう。まずはアンケートの結果を見てもらいたい。「友達とよく勉強を教えあった」「たまに教えあった」と答えた人の割合は80％、「友達と勉強を教えあうことは効果がある」と答えた人にいたっては、なんと92％。東大に合格するためには友達の存在が不可欠といっても過言ではないのである。

具体的な効果はいくつか考えられる。まず、最も重要なのが「体系的な理解が可能になる」ということ。ものごとを人に伝えるためには、きちんと筋道を立てて説明することが求められる。筋道を立てて話すためには、自分のなかでそのテーマに関する情報を整理し、再構成する作業が必要不可欠。その過程で、自分が理解したようでしきれていなかった「知識の穴」を発見することもできるだろう。

教えることと「記憶」の関係についても考えてみたい。人間の脳は、エピソードと結びついた記憶を忘れにくいという特徴がある。「あ、この問題、あいつに解説したのとそっくりだ。なかなか理解してくれなくて大変だったんだよな」といったように、場面とともに記憶がよみがえることもある。「教え教えられる」という経験を積むことで、知識がより定着しやすくなるのだ。

また、気軽に質問できる、というメリットも意外に大きい。わからないことを講師に聞いていくことは勉強の鉄則ではあるものの、なかなかハードルが高い。そんなときこそ友達の出番だ。講師に質問するのを恐れ「わからないことをわからないまま」にしておいた場合と、友達とああでもない、こうでもないと議論し合ってきちんと納得できる答えにたどり着いた場合、どちらがより良い勉強法かどうかは明らかだろう（もちろん、友達と考えてもわからない問題は、すぐに講師へ質問しに行くこと！）

■ 友達、その使い方

それでは、友達を「どう使えば効率的か」について考えていこう。

友達に何かを教える場合には、必ず考えるべき大切なポイントが存在する。それは、「**相手が理解できていないポイント**」を考えること。『他人の理解があいまいなポイント≒テストで出題されやすいポイント』であるため、教える側にとっても大いに勉強になる。教わる側も「自分が理解できていないポイントはどこか」をできる限りはっきりさせてから質問すると、より満足度の高い答えを返してもらえるはずである。

また、勉強にちょっと飽きてきたときなどには、友達と**クイズ形式で問題を出しあう**ことも効果的。問題を作る際には、「どこが入試で問われやすいポイントなのか」を考えざるをえないため、重要ポイントを見分けるための訓練になる。なにより、気分転換にぴったりだ。

受験勉強という苦難をともに乗り越えた友達は、一生の宝になる。ときに温かく、ときにしたたかに友達と交流していこう。

生活力を高めるためのその⑦

友達を利用して「重要ポイント」をつかめ

私の合格体験記

『僕が受かったのは、友達に教えていたからです』

Aさん（工学部4年・静岡出身）

勉強を一人でやる時代はもう古い？　東大に現役合格を果たしたAさんは「僕が受かったのは、友達に教えていたからだと思います。週に4日は友達に勉強を教えていました」と笑う。

他人に勉強を教える、ということは言い方を変えれば、自分の貴重な時間を他人にあげてしまうこと。なぜ、それが東大合格の決め手となったのだろう。

「そうですね、人に教えようとすると、自分自身が逃げられなくなるということが大きいと思います。今まで何となく覚えていたことでも、いざ人に教えようとすると、いかに曖昧な理解だったかがはっきりとわかりますから」

「それと、人に教えることにはまだまだメリットがあります。わかりやすく相手に情報を伝えるためには、筋道立った説明をすることが重要。相手の反応もリアルタイムで返ってきますし、論述の力を効果的に鍛えることができるんです。また、友達と問題を出し合うことで「問題を作る人の視点」に立てることも点数アップにつながると思います」

友達に教えるのは、デメリットよりもメリットのほうが大きいということだろうか。

「はい。でも、やっぱり一番のメリットは友達の役にも立てるということでしょうか」とAさんは笑った。

『大学から見た受験』

東大生にはフラフラしたヤツが多い、ということは先ほどお話ししましたが、それは言い換えると「余裕」がある人が多いということとも言えます。

理系であっても文学をよく読む、といったように、無駄なことにしか見えないのに、結果的にはそれが人間としての幅を広げることに貢献していたりする。そういう意味で「余裕」のある人が東大生には多いと思います。だから、みんな趣味が多彩。

こういう人が欲しい

受験生はどうしても「大学に合格したい」という思いで頭がいっぱいになってしまうかもしれない。しかし、大学側からすると「その人が将来伸びるかどうか」ということが気になるわけです。

したがって、どこの大学も入試問題には非常に気をつかっています。「こういう学生に来てもらいたい」というメッセージを送っていることになるわけですから。

たとえば、東大でいうと指導要領ぎりぎりの難しい問題を、なるべく平易なことばで入試に出す。「自分の頭で考える練習をしてください」というメッセージでもあるし、「教科書に載っていないようなことにでも興味を持っていてください」というメッセージでもある。入学した学生を見ていても、そのようなメッセージに応えてくれている学生も多いようです。だから、ぜひ受験生のみなさんにも、大学側のメッセージを受け取ってもらいたいと思います。それが合格への一番の近道なのかもしれません。

僕が受験生だとしたら……

僕が今、高校3年生に戻ったとすると、やっぱり受験勉強だけなくていろんな本を読んだりとか、そういったことをして力を蓄えているんじゃないかな。そういった「余裕」を持つことが将来のためになるのだと知っていますから。

東大のように、「お勉強」以外の部分をきちんと評価しようとしている大学もちゃんとあるわけです。どの大学も、ものを考えることができる人に来てもらいたいのであって、歴史の教科書を丸暗記した人に来てもらいたいわけではないですから(笑)。

おわりに

～受験本番の過ごし方～

受験勉強は、必ずしも「結果」だけが重要なわけではない。試験本番に向けてつらい試練に耐えてきたという経験は、これからもあなたの心のよりどころとなってくれることだろう。また、受験勉強を通して身につけた「方法論＝勉強のやり方」は、社会に出てからもきっと役に立つはずである。

しかし、そんなことは、受験を終えて、これまでの1年を振り返ってみようと思ったときに考えればいいこと。**やるからには、なにがなんでも「合格」を目指す**、強い意志を持つことが重要なのだ。

どんなに学力の高い人であっても、試験当日、一発勝負をクリアできなければ、大学合格を勝ち取ることはできない。そして、このスリルがあるからこそ、受験勉強は楽しい。どれほど模試の成績がよくても、油断することはできないし、夏の模試でE判定をもらっていたにも関わらず、諦めずに努力を続けた結果、みごと逆転合格を果たした人もたくさんいる。

同じくらいの学力にも関わらず、合格する人もいれば落ちる人もいる。いったい、この差はどこから生じるのだろう。どうすれば、実力をフルに出しきることができるのだろう。最後にこの疑問に答え、本書の締めとさせていただきたい。

試験1週間前の過ごし方

ポイント① 最終メンテナンスに徹せよ

試験本番の1週間くらい前になると、もはや新しいことを覚えようと思っても、なかなか頭に入ってくるものではない。それよりも、これまで勉強してきた教科書や問題集を見直し、**間違ったことのあるポイントや、理解が不十分だったところの最終メンテナンスを行っていってもらいたい。**

ポイント② 体調管理を怠るな

むしろ、この時期に気をつけなければいけないのは、体調管理である。大学入試が行われるのは真冬であることが多い。この寒さに加え、受験からくるプレッシャーにやられて体調を崩してしまう受験生はあとを絶たない。うがい手洗いを徹底するのはもちろん、濡れタオルを部屋につるなど、乾燥にも充分注意していこう。

試験1日前の過ごし方

ポイント① 会場に慣れよ

試験1日前にでもなれば、落ち着こうと思っても、なんとなくソワソワしてもらうもの。勉強しようにもなかなか気分が乗ってこないかもしれない。

そんなときはいっそのこと、参考書をおいて、**受験会場の下見に行ってみよう。**事前に道順を確認しておくことで当日のトラブルを防止する！ということが一番の目的ではあるが、会場に慣れることができるというメリットも意外に大きい。

どんな人でも、見知らぬ場所では知らず知らずのうちにかたくなってしまうものだ。いわんや、受験本番をや。下見をしっかり行うことで、受験会場を少しでも「ホーム」に近い状態にしておこう（もし許可されているのならば、実際に自分が受験する教室の中まで入って、机の配置やトイレの位置などを確認しておくといいだろう）。

ポイント② 過去問は解くな

試験1日前にもなれば、今さらジタバタしてもそれほど効果はない。それよりも、ともかくリラックスを心がけよう。軽いジョギングなどで気分転換を行い、さっさと寝ること。**間**

違っても、過去問を解いてはいけない。うまく解けなかったときの精神的なショックが大きく、試験当日までそれを引きずってしまう可能性があるからだ。センター試験など、試験が2日にわたって行われるときなども、答え合わせは2日目の最終科目が終わってから行うようにしよう。

試験当日の過ごし方

さて、待ちに待った試験当日。この関門さえ過ぎてしまえば、あとは楽しいキャンパスライフが待っている。しかし、試験当日ともなれば、尋常でないプレッシャーとも戦わなければならない。適度なプレッシャーはパフォーマンスを向上させるが、大きすぎるプレッシャーは逆効果。「やばい、緊張して手が震えてきた」。最後に、そんなときの対処法を紹介しておこう。

ポイント① 「お守り」を持つ

「お守り」なんて、何を非科学的なことを……。そんな声が聞こえてきそうだ。けれど、信じるものは救われる。プラシーボ効果（偽薬効果）という心理現象があることはすでに述べたが、お守りはこのプラシーボ効果を応用したものだと言うことができる。「これを持っていれば、自分の実力が発揮できるはず」そういうものを一つでも身につけていれば、結果としてリラックスして試験に臨むことができるのである。

お守りという「システム」が長い間受け継がれてきたのは、そこに一定の合理性があるからだ。**普段は神も仏も信じない、という人でも、困ったときくらいは神仏その他を頼らせていただこう。**

ポイント② 周りを見渡す

受験会場に行くと、自分以外の周りの人たちがみんな賢そうに見えてしまいがち。自分なんかがこの場にいるのは場違いなんじゃないだろうか。そんなことまで考えてしまうかもしれない。

そんなときは、**むしろ周りの人たちの様子をじっくり観察してみよう。**

そもそも、受験当日に緊張していない人なんて、よほどの大物かやる気のない人ぐらいのものだ。ほとんどの人は、一見落ち着いているように見えても、頻繁にトイレに入っていたり、時計の位置を何度も直していたり、手が震えていたりと、とにもかくにも、なにかしらソワソワしている。

緊張しているのは自分だけじゃない。そう思えば、少しは肩の力が抜けてこないだろうか。

ポイント③　あくびをしてみる

お守りを持っても、周りを見渡してみても、どうしてもドキドキがおさまらない……。そんなときは、無理やりにでも**あくびをしてみることをオススメする。**

からだと心の間には、密接なつながりがある。緊張しているときはからだに自然と力が入るものだし、からだがリラックスしているときには心にも余裕が生じる。あくびをして、新鮮な酸素をいっぱい取り込んだあとは、自然と落ち着きも取り戻せるはずだ。

それでは、受験をめいっぱい楽しんで！

現役東大生たちが実践している合格のための勉強法

2008年7月26日　　初版第1刷発行
2009年1月30日　　初版第2刷発行
著　者　東大勉強研究会

装丁　石間　淳

編集　株式会社U-Tee

DTP　株式会社明昌堂

発行者　木谷仁哉
発行所　株式会社ブックマン社
〒101-0065 東京都千代田区西神田3-3-5
TEL 03-3237-7777／FAX 03-5226-9599
http://www.bookman.co.jp/
印刷・製本　赤城印刷株式会社

ISBN 978-4-89308-693-8